フランスの子どもの育ちと家族

一人ひとりに届ける福祉が支える

Awa Akiko

どのような境遇に生まれても、国は、育ちを保障する。

「なんて美しいんだ」予定帝王切開で生まれた赤ちゃんに半年ぶりに再会し、声をかける医師

ライフステージの流れと支援のポイント

6か月の赤ちゃんと筆者の小学校時代の恩師

妊娠前〜出産

心理的負荷少なく生まれる環境を整える

・婦人科健診、避妊、中絶、妊娠検査、出産は無料：
　産みたいタイミングに子どもを迎えリスクを最小にする
・妊娠初期面談義務（社会面心理面）

準備／生まれる

乳幼児期 0〜3歳

早期発見・早期ケア・早期治療（キュア）

・妊娠届の電子化による自動共有と保健所での24か月健診ま
　での全件チェック：保健所の小児看護師はすべての妊娠中
　から3歳までの子どもの状況を把握、地域での支援につなぐ
・産科退院後の助産師か看護師による48時間以内の訪問、赤
　ちゃんと親のケアをし、必要な限り隔日の訪問が処方箋に
　指示される。その後、保健所がフォローを担う
・2か月半から、働いていなくても保育を収入の1割で利用で
　き、多職種の職員が子どもの発達状況を把握
・「親をすることへの支援」機関パリ市に481か所

専門職／リレー

多くのおとなに囲まれて育つことが
価値とされている

義務教育 3〜16歳

**子どものまわりに専門職を配置
＝子どもの権利が実現されていることを確認**

・3歳から義務教育：すべての子どもに教育と福祉が行き届いている
　ことを保障する期間
・健康診断は身体面だけでなく心理面学習面のチェックも義務
・家族手当基金のソーシャルワーカーが、両親の離別などの際に家
　族に必要な支援が届いていることを確認

子どもの成長を保障

小学校1年生、なかよしふたり

若者支援 16〜26歳

若者の自立を支える＝良い親子関係につながり孤立を防ぐ

・大学、大学院は学費無料から年間3万円まで。進学を
　親の意向や経済状況に左右されず、親子の葛藤も起
　きにくい。中学から返済不要の奨学金
・専門学校、職業訓練校も無料の選択肢が多くある
・生活費の出る若者就労支援や、低額で住みソーシャ
　ルワークが受けられる若者用マンション
・家族計画センター：若者の心身のケアを担う。即日の
　保護施設入所なども対応する
・生活保護：25歳以上で個人単位。実家にいながら、同
　棲しながら自分だけ生活保護を受けることができる
・「親の話を聞き, 支え, サポートするネットワーク」全国
　8000か所は、子どもが成人した親も対象にしている

若者の社会的自立を支える

シェルターエデュケーター。
家族のクライシスに入ってくれるおとなたち

ステージごとの福祉・支援の実際

サービス

- 家族計画センター：婦人科健診、避妊、健康相談、パートナー間アドバイザーへの相談、暴力被害をチェックし、心身のケアにつなげる
- 妊娠届はオンラインで健康保険、保健所、家族手当基金に共有される。妊婦の状況を確認でき、必要に応じてフォローできる。妊娠届を出しに行く必要がない
- 妊娠初期面談：健康面だけでなく心理面社会面でも支えが必要でないか確認する

費用

避妊、人工妊娠中絶、体外受精無料、妊婦健診、出産、無痛分娩無料

生まれたばかりの
赤ちゃんと

環境

- 結婚していなくても社会的ハンデにならない。婚外子は出生数の約60%
- 出産前に男性は認知届提出（出産前に連絡がとれなくなり困ることが防げる）
- 女性も男性と同じように認知するか選択できる。匿名出産も可能
- 近い病院が受け入れる義務があり、飛び込み出産は拒否できない

誰でも保育を利用でき、保育形態は複数。保育料は両親の収入の1割

サービス

・産後退院時に避妊方法が処方される
・助産師か看護師が退院時48時間以内に家庭訪問し、赤ちゃんと親のケアをする。必要な限り隔日の訪問が処方箋に指示される
　その後は保健所がフォロー、児童保護専門医がいる。保健所の小児看護師は担当する地区の妊娠中から3歳未満の子どもはすべて把握している。毎週家庭訪問をすることもある
・国家資格社会家庭専門員に週数回2-3時間ずつ来てもらい「家庭支援＋家事支援＋ソーシャルワーク」を受けることができる
・2か月半から、働いていなくても保育を誰でも利用できる
・子どもと親のための場所LAEP 1500か所。子どもを遊ばせながら心理士や精神分析家に、子育てについて話すことができる

費用

保育形態は複数（保育園・ベビーシッター・有資格者の自宅保育など）あり、いずれも費用は両親の収入の1割。2人目以降は減免

保育園帰りに公園で遊ぶ。おとなは干渉しない

環境

・男性産休28日（一定期間とらないと雇用主は罰金）
・週35時間、年258日を超えて働く場合、高額の給料を支払うので基本的に有給全消化。サービス残業は罰金の対象。男性も平均18時に帰宅
・労働者の3割は7割の就労時間など、正社員でもフルタイムでない働き方をとっている。1時間の労働でも社会保険でカバーされる
・家族手当基金が離別した両親と子どもに連絡し、必要な支援がないか確認。養育費の取り立て、立て替え、面会の支援も行う
・保育園の職員は、多職種が義務。児童保護専門医と心理士が巡回。保健所による質の管理が徹底されている

教育を受けられケアされた子どもは、ケアを受けられなかったときより、よい社会の未来をつくることができる。

すべての子どもに教育と福祉が行き届いていることを保障する期間

制度

- 2歳から入学できる。3歳から落第と飛び級あり、16歳の義務教育終了時に全員が一定の能力を身につけていることが目指されている
- 中学校卒業資格試験合格率89%高校91%。目標は、全員が高校卒業資格合格、もしくは職業資格を取得すること

休み時間の1コマ

サービス

- 健康診断は身体面だけでなく、心理面学習面もチェック。必要があれば改善までフォロー
- 幼稚園から全寮制の学校を選択することができる
- 「親をすることへの支援」専門機関（家族手当基金財源）：学習サポート機関、地域の家、親の話を聞き・支え・サポートするネットワーク、家族仲裁、面会スペース

費用

- 中学校から収入に応じた返済不要の奨学金
- 学校のソーシャルワーカーは必要に応じ、コートやスポーツ用品代を手配
- 児童相談所は勉強机代、言語聴覚士代、転居費用など負担
- 健康保険家族部門は家族旅行代などを負担
- 習い事も収入に応じた金額で通えるところが複数ある。コンセルバトワールなど
- 美術館代など18歳未満、もしくは26歳未満は無料であることが多い

環境

- クラスは24-26人。パリ市では9-12人クラスの学校も増えてきている
- 月2日の医師の診断のない欠席から不登校とみなし家族支援の対象となる
- 部活、塾、受験、高校ランクなどはない
- 地域の家（家族手当基金財源）：習い事、イベント、週末のお出かけ企画、旅行実施
- シェルターは未成年の場合72時間保護し、家族間調整を行う

個人がそれぞれの歴史の中で、自分らしい開花を実現するのを支えること。
困難な状況にある子どもにこそ、最高の人材と教育、たくさんのチャンスが必要。

路上エデュケーターが歩くと、
子どももおとなも話しかけてくる

学費は基本無料、若者自身が選びとれる福祉が複数

サービス

- 親の了解なく無料で利用できる福祉が複数あり、それぞれ誰か相談しやすい人が見つかればよいという考え方。公的財源により全国に配置し、**必ず専門職が対応**
- ティーンエイジャーの家 maison des adolescents MAD：無料心理相談。体重や対人関係などテーマ別のケアプログラムもある
- 若者情報センターPoints Information Jeunesse PIJ：パリ市に24か所。エデュケーター、心理士がいて、学業、職業訓練、アルバイト、ボランティア、免許講習などの情報を提供。レジャーや旅行の割引クーポンがもらえる
- 若者就労支援 Mission locale：ソーシャルワーカー、心理士がいて現金給付、就労支援、研修を提供
- 路上エデュケーター éducateur de rue 地域で若者と家族を継続的にサポート
- 家族計画センター CPEF：パリ市に24か所。健康相談、避妊、中絶、パートナー間アドバイザーへの相談をきっかけに心身のケアにつなげる。即日シェルターへの保護もする
- ネットエデュケーター promeneurs du net：SNS上で相談をすることができる

費用

- 大学・大学院・専門学校は学費無料〜年間3万円
- 若者就労支援：生活費提供
- 若者用マンション：3-5万円程度の家賃で借りられ、1階にソーシャルワーカーがいる
- 家族手当基金が職業訓練に必要な美容師セット、調理道具など費用を出す

事務所を持たず地域密着型で声かけをする路上エデュケーター。戦後「浮浪児」に寝泊まりする場所を確保し地元の商店にかけ合って仕事を与えたことから、少年院や精神科病棟ではなく、地域で子どもたちの育ちを支えようと制度化された

環境

- 不登校やひきこもりは家族の責任ではなく、専門職が対応することで孤立を防ぐ

子どもは1回しか助けを求めません。そのときにしっかりと応えることができなければ、子どもはもう助けを求めなくなり、問題はより複雑になるのです。

生活保障／生活保護

3章へ

制度　25歳以上、個人単位。実家にいながら、同棲しながらも家族に知られずに利用が可能
生活保護の入り口は、どの機関のソーシャルワーカーでもよい
福祉事務所、家族手当基金、保健所、職業安定所など
パリの場合、ソーシャルワーカーがついたのち、次の2か所で、手続きがされる

1. EPI Espace Parisien d'Insertion
（生活保護、家族手当、年金他全国共通の権利）

2. CASVP 福祉事務所の事務部門（パリ市独自で用意している手当）

日本

申請主義

本人が手続きをしないと
利用できない。
漏れが生じ、
低い捕捉率。

↔

フランス

専門職が届ける福祉

市民が権利を
得られているか
確認することが使命

- 職員が「受けられるべき権利を受けているか、チェックする」ことで漏れを防ごうとしている
- 「福祉のお金の金庫」は家族手当基金なので、収入申告は一括で済む
- 生活保護のフォローはその人の抱える問題の解決をいちばん得意とする機関が行う
　　福祉事務所、家族手当基金、職業安定所など
- 65歳以上は年金、うつ病やがん治療中など病気や障害は手当を受け取るため生活保護の対象とならない

平均 64 歳で退職したのち仕事をする人は少ない。65歳からは、それまで年金を払っていなくても基礎年金が受け取れる。土曜の朝、市場へ買い物に行く道にて

子どもが親の世代よりも社会の中で生きやすく、認められていると感じて生きられるようにすること。　7

フランスの「一人ひとりに届ける」福祉 ＝ 国が専門職（ソーシャルワーカー等）を通し福祉を実現

一番関わりのある機関のソーシャルワーカーが家族のまわりに福祉をコーディネートし、家族支援の全体像を把握している

生活保護も支援コーディネートの一環で、いっしょに手続きをする

「社会福祉に採算性の原理を求めることに反対します」

ソーシャルワーカーの役目は福祉が行き届いているか目を配り、福祉につなげること

ケース会議に、公的機関、民間機関10機関から集まることも。宗教法人も含み家族が頼りにする人が集まる

6歳から12歳の子どもの10％を学校のソーシャルワーカーが継続フォロー
児童保護を目的とする場合、守秘義務から外れる＝連携がスムーズ

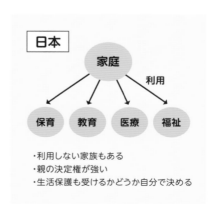

・利用しない家族もある
・親の決定権が強い
・生活保護も受けるかどうか自分で決める

子どもにとって，親が支えられ，より自分らしく生き，ソーシャルワークによる家族環境の改善を感じて育つ。

ソーシャルワークとは？　　フランス社会福祉家族法の定義

フランス国内法ではソーシャルワークについて、以下のように定めています。

◆ ソーシャルワークは、すべての基本的な権利への人々のアクセスを可能にすること、人々の社会への参加を容易にし、市民としての活動を十分に行うことができるようにすることを目的とする。

◆ ソーシャルワークは、個人とグループへのアプローチによって社会を変化させ、発展させ、社会内の人々が団結していくよう貢献する。人々が自分自身のために発言し行動する能力の発展に参加する。

◆ その目的達成のために、ソーシャルワークは専門多分野、学際的なプロフェッショナルたちの実践を取りまとめる。

◆ その実践は倫理と職業倫理、社会科学と人間科学の学問的知識、ソーシャルワークを担うプロフェッショナルたちの実践的理論的知識、社会的サポートを受けている人たちの経験に基づく知識、これらに基づき、ニーズに応えられるソーシャルワークを構築する。サポートを受ける人の尊厳を尊重し、ソーシャルワークの実践は、プロフェッショナルとサポートを受ける人との関係の中で築かれる。

(CASF D.142-1-1 より抜粋)

また、社会保障の範囲について「就労、職業訓練、住居、健康、教育、文化、社会保障、市民権、スポーツ、バカンス、レジャー、交通」を国民皆が享受することができると定めたことが知られています。
(Loi du 29 juillet 1998 relative à la lutte contre les exclusions)

ソーシャルワーカーたちが表現する
職業理念

◆ 個人の悩みは社会なもの、政治的なもの。個人が社会に合わせられるようにするのではなく、社会を個々人に適応させる。

◆ 「困っている人を助ける」ではなく、すべての人に居場所がある世の中になるよう働きかける。

◆ ソーシャルワーカーの使命は、社会問題を解決すること。

「私たちのケアは誰がするの？」2022年、SWたちの昇給を求めるデモ。同年80万人のソーシャルワーカーに、月2万7000円の昇給が実現

誰もが常に考えられる限りの最善の選択をしている。　9

2 子どもの権利 ──── 43

NOと言えるようになって初めて、
YESが選べる。

3 生活保障 ──── 73

出産は無料、子どもには望む教育を
受けさせることができる。

フランス基礎情報

首都 ——————— パリ／主要都市：ボルドー、リール、リヨン、マルセイユ、ニース、ナント、ストラスブール

言語 ——————— フランス語

政治体制 ————— 共和制／大統領：エマニュエル・マクロン

国旗 ——————— 青、白、赤の縦縞三色旗／国歌：ラ・マルセイエーズ

国の標語 ————— 自由、平等、友愛

面積 ——————— 63万2834 km²、うちフランス本国は55万1695 km²
フランスはヨーロッパ連合（EU）最大の国土面積
北アメリカ沖や太平洋、インド洋などに海外領がある

人口 ——————— 6742万人（2021年）

宗教 ——————— カトリック、イスラム教、プロテスタント、ユダヤ教等

合計特殊出生率 —— 1.84（2020年）

通貨 ——————— ユーロ（本書では特に断りのない限り、1ユーロ＝149円で換算／2023年5月1日現在）

国内総生産 ———— 2兆7775億ドル（2018年世界6位）、1人当たり4万ドル（同年世界39位）

在留日本人数 ——— 3万6347人（フランス全土）

社 会

1958年に公布された第5共和国憲法は、フランスを「不可分の、非宗教的、民主的かつ社会的な共和国である」と定めている。

年間海外旅行客数9000万人（2019年）と最多の観光客数を誇る世界一の観光大国。世界5位の経済大国、労働力人口の70%がサービス業で雇用されている。

EU最大の農業国。ブドウ栽培が特にさかん。

工業部門は農産食品産業、自動車産業、建設産業、化学工業、鉄道産業、航空宇宙産業、エネルギー産業、医薬品・化粧品産業などが特に発達している。

パリ市の平均は移民20%（2世以降を含まない）、低所得世帯10%、資格や高校卒業資格以上の学歴のない成人人口21%。

2022年の難民申請数は13万1000人、認定は5万6179人。待機するあいだは身柄は自由。出身国は多い順に、バングラデシュ、トルコ、ジョージア、コンゴ。移民まで含むと、170万人にビザを交付した。多い順にインド、モロッコ、アルジェリア、トルコ。2019年には350万人にビザを交付しているので、比べると低い。すでに10年ビザなどで滞在している外国人や、ビザなしで不法滞在している人は含まない。不法滞在者は40万人ほどと、移民博物館では数字を提示している。

出所：在日フランス大使館・外務省ホームページ、パリ市資料
移民博物館資料、フランス政府難民・無国籍保護局ホームページ ／ 2023 年 6 月現在

市民を育てる

生まれたときから
意思あるひとりの人間として尊重する。

13歳の自殺のニュースにふれて

　最近ルカくんという13歳の男の子が、フランスの小さな町で自殺しました。朝のパリジャンという新聞ではトップページ[1]で、その追悼行進を紹介していました。500人が集まりルカくんを偲んで行進した。同性愛であることをクラスメイトにバカにされ、同級生5人が検察の調べを受けている。お母さんは「自分自身でい続けられるよう勇気をもって、自分自身でい続けるために戦ってください」とインタビュアーに答えたというものでした。起きがけにベッドの中でニュースを見て泣きました。ルカくん、もう少し生きたら光となる人たちにも出会えたのに。まだまだこんなことが起きている。その日は会った人たちと何度もその話題が出ました。

　しかし、ふと私の頭によぎったのは、日本で自殺している500人を超える子どもたちも同じくらいの苦しみを受けていて、なのにトップニュースで国民を泣かせ「こんなことがあってはならない」と奮起させていない。500人の生きた悲劇を検証しなければ、日本の課題として声に出さなければということでした。みんなで行進して、お母さんの声を聞いて、こんなことが2度と起きないようにしていかなければならない。

◀とびらに寄せて

　娘が生後2か月になり、ある日突然笑うようになった。目が合うたび笑いかけてくる。子どもに求められているのは、関心と関係性。赤ちゃんが泣くと居合わせた人々は赤ちゃんに「人生は生きるに値するものだよ。しあわせなことがたくさんあるよ」と話しかけていた。

　エデュケーターたちは言う。子どもに笑いかける、話しかける、疑問に答える—その代わりをテレビやインターネットはできない。見かけたときにあいさつするだけで、子育てできるわけではない。

家族の中の「私」ではなく、
社会を構成する一員としての「個」

生まれた日からひとりの人間

　娘が生まれた日。お腹から取り出されて2、3分のまだ目も開かない赤ちゃんに、看護師が「ママは手術後の処置があるからパパと過ごすからね。ママにもまたすぐ会えますよ」と説明していました。私が部屋にもどってからも、まだ生まれて数時間の娘のところに看護師や助産師やさまざまな人が来て「私の名前はマチルド。看護師よ。看護師はあなたが何も問題なくて元気かみるお仕事よ。これから血を採ってあなたが何も病気がないか調べるから、手をさわってもいい？　ここに少しチクッとするけどすぐに痛くなくなるから許してくれる？　準備はいい？」「お母さん、こういう検査をすることになっていて、採血をしますね」と、まず赤ちゃんに自己紹介をしたうえで、彼女の身に起こることを説明していました。

　抱っこして私のところに連れてくるときも、おむつを見るときも赤ちゃんに了解を求め、赤ちゃんと視線を交わしてから進める。赤ちゃんもいちいちしっかり相手の目を見ているのでした。

「自分のことは自分で決める」ということが生まれた瞬間から尊重されている。他人から尊重されるからこそ、「自分のことを大切にする」ことも可能なのだと感じました。みんなが直接彼女に話しかけ、彼女がその人との関係を築くので、母親であっても「私の赤ちゃん」と感じる機会がありませんでした。けれど、彼女が他者と関係性を築き、たくさんの人間に囲まれた中の自分の存在を楽しみ、関係を育み広げていくのをうらやましくまぶしく見ていました。

それぞれが折り合いをつけて生きるのが社会

　娘が生まれて数時間後、夜になると助産師が来て娘に言いました。「ほら、お外を見て、暗いでしょ？　これが夜なの。夜は寝る時間よ。ママはきょう手術をしてとても疲れていて休む必要があるから、明るくなるまで静かにするのよ。もし私たちといっしょに過ごしたかったら呼びなさい、私たちのお部屋で過ごしてもいいからね。ママは寝るからいっしょにおやすみなさい」

　生まれて数時間で他人に配慮することを教えられることに笑いましたが、それは生まれたての赤ちゃんに求められている最初の市民性でした。社会の一員としての自覚と行動です。退院してみると赤ちゃんを見かけた人々の定型あいさつは「朝まで寝られるようになった？」なのです。「ダメよ、長いあいだママを困らせちゃ」とも言うのです。生まれた瞬間から、社会の中の「個」として育つことを求められるのです（118 ページ参照）。

● 社会の中で果たすべき役割

　日本は家族の一員として生まれ、いずれ組織の一員として生きる部分があると思います。家族に期待された役割を果たし、組織の一員として求められる役割を果たすことがまず自分の存在のうえで第一。だからこそ「この社会を構成する一員として自分が果たすべき役割」という感覚は比較的薄い。フランスのソーシャルワーカーにたびたび、「日本人は社会的に無責任なのではないか？」と言われます。その理由は、ひきこもりなどの問題が長年継続していることに対し、国民が十分に向き合っていないのではないかという意見や、具体的な経験から「日本というと不登校や未成年の自殺、そういったイメージがあって、でも、いざ日本に行くとランチもデパートも女性がいっぱい。女性たちがぜいたくをしていてすごくショックだった」という理由もありました。

　そのときに私は、日本人には市民としての社会に対する役割の前に二つも果たすべき役割があると説明します。女性たちは、子どもの教育や受験や成

功、遅くならないと帰って来ない父
親の代わりの役割、さらに親の介護
も担わされているかもしれない。直
接知らない人の心配をし、活動をす
る余裕がないくらいのプレッシャー
のもと生きているのかもしれない。

　一方でフランスでは社会の中で
「個」として果たすべき役割といっ
たことがよく日頃の話題にも出ま
す。IKIGAIは、フランス語でも使
われている言葉ですが、日本語とは
意味合いが異なります。世の中に求
められていること、自分が上手にで

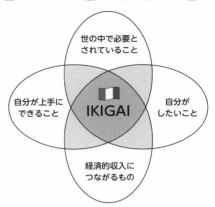

図1◆フランス版 IKIGAI イメージ図

注：説によって多少違いがあるが一般的に人々が
　　共通して理解している内容

筆者作成

きること、自分がしたいこと、自分に経済的収入を与えるものの4つが交
わる活動を見つけることがフランス版IKIGAIです。私は渡仏したとき、日
本のまわりの人からは心配の対象で、「公務員辞めて今後の見通しあるの？」
「海外暮らしなんて親御さん何て言ってるの？」「いつまでフリーランスする
の？」と言われていたのが、フランスで「IKIGAIを見つけたんだね、すご
くいいね！」とほめられ、評価が真逆であることに驚きました。

　フランス人は、フランスというのは国ではなくイデオロギーであると言い
ます。国に属しているのではなく、フランスというものがより良いもので
あってほしい。当事者でなくてもあるべき方向性に近づけるよう連帯し、声
をあげる。革命を起こし、自分たちの国を築こうとした価値に賛同するとい
うことです。実際には政治家と渡り合えないことはもちろん多くても、人民
によって人民のために権力が使われるようであってほしい。

　ちなみに、憲法第1条も「フランスは不可分の、非宗教的な、民主的か
つ社会的な共和国である」としています。「社会的」というのは、平等の原

則を指します。社会的団結に貢献し、恵まれない状況にいる人の条件改善に貢献することを意味しています[2]。

● 自分たちでより良い社会をつくる

　中絶合法化運動の映像を見ると涙が出ます。街で行進し中絶する権利を訴えている中には男性も交じっています。歩道の通行人は歓声を送ったり、拍手をしたりしています。多くの女性は当事者ではなく、ただ「女性の権利」という点で手を組みいっしょに歩いている。1972年に中絶で有罪を訴えられた女性の裁判には、ジェーン・バーキンやシモン・ド・ボーヴォワールが現地に応援にかけつけていました。この社会を自分たちの手で良いものとする、正しくないことは正しくしていくために手をつないで声をあげています[3]。

自由、平等、博愛の「博愛」って何だろう

● 弱者を助けることに理由が必要?

　フランスのソーシャルワーカーが、日本からのインタビューを受けたときのことでした。
「私はフランスでソーシャルワーカーをしていて、1度も、それは意味があるの? 経済的な効果があるの?といった質問にぶつかったことがありませんでした。けれど日本のみなさんは意味があるのか、効果があるのかにとても関心がある。私は子どもや高齢者は大切にしなければならない、貧困者やホームレスには手を差し伸べなければならないというのは人間的なこと、ユニバーサルで世界共通のものだと思っていました。けれど、日本の方とのやりとりの中で、自分がキリスト教でなくても、フランスはキリスト教の歴史が非常に長く文化的背景となっていることを思い知るに至りました」と言っていました。家族外、組織外のことが見えにくい日本と、キリスト教の背景

のあるフランスの違いを表しています。

「私は人間なので、人間に関することは全て私に関係がある」というローマの哲学者テレンス（紀元前190-159年）の言葉もしばしば引用されます。

● 平等ではないことを認め、是正しようと取り組む

日本でも、貧富の差があることはわかっていて、機会が平等でないこと、難しい過去がある家族があること、病気や障害や事故や天災、平穏な子ども時代が過ごせなかった人がいること、さまざまな影響のもと個々が生きていることはある程度共通認識として共有されているはずです。しかし社会問題や他者の不幸が「自分に関係ない」と思えるのはなぜでしょう。

私が日本でソーシャルワーカーをしていたときに、恵まれない環境に育ち非行のため裁判に呼び出された子どもの付き添いをしたことがありました。裁判官が「すべての人は同じだけしあわせになる機会があります。努力してください」と言っていたことが脳裏に焼きついています。

「家族の一員として生まれる」ことに加え、教育も大きく関係があるように感じています。フランスには塾、受験、高校ランクや大学ランクはありません。日本で小学生が夏休みに朝から塾に行く姿を見ますが、この子どもが1日で得られる学びは何でしょう。他者の尊重や多様性、自分がしたいこと、人間関係や社会のより良い未来ではなく、「自分の評価」「自分を守ること」なのではないでしょうか。「自分のための勉強」を積み重ね「自分のために努力し、自分のために生きる」おとなを育てることになるのではないでしょうか。休む権利、遊ぶ権利、楽しい子ども時代を過ごす権利が奪われたおとなが育つことも危惧していますが、学ぶ目的が良い社会を築くためではなく自分の成功のためと誤って子どもが認識するのではないかということも心配です。

子どもは社会に関心をもつものです。なぜ戦争が起きるのだろう？　なぜホームレスがいるのだろう？　なぜ年金改革をすることになったのだろう？

そのような疑問に寄り添う場所は塾ではありません。フランスの教育の目的は、子どもの開花です。子どもの関心に寄り添い、子どもの良さを伸ばそうとします。娘は学校で反戦の歌を習ったり、子どものけんかと戦争と比べて議論したりしていました。市が開催するホームレスの状況と関わり方の講座では、現役ホームレスが講師を務めるのですが、子どもたちも参加していました。

　日本では、社会問題や政治との関わりがあまり得意ではない人が多くいるように感じます。それは、「学び」が与えられた課題をこなし評価を得ることになっていたからでしょう。不登校やひきこもりについての理解が進まないのも、自己責任という認識が広がってしまったのも、「自分のための学び」をしてきた弊害であると考えます。自分の恵まれた立場は「自分ががまんしてがんばったから」と誤解する恐れがあります。自分で課題を見つけ、たくさんの出会いのなかでさまざまな見方を学び、自分なりにその課題に取り組む経験を重ねていないので、社会問題に対する「無力感」につながっているのではないかと思います。おとなたちが使う「憂い」という言葉から、諦めや「どうせ無理だよ」という感覚を感じます。「こんなことがあってはならない！」「こんな状況変えなければならない！」という気持ちの対極です。

　生きることのすばらしさ、そして、誰もがしあわせに生きる社会にするために自分にできることについて考え行動する力を育むことが、より良い未来につながるのではないかと思います。

お互いの権利が守られる社会にする

● 幼少期から自分で考え、議論できる市民を育てる

　フランスの現在の教育のあり方は、戦争の反省からだといわれています。誰もがおかしいと思っていたはずなのに、止めることができなかった、まちがったことが起きてしまった。市民一人ひとりが国の未来をつくるのだか

ら、意見を言うことができ、議論をすることができる市民が育つ必要があります。第2次世界大戦のナチス軍で大量虐殺をした幹部たちについて調べると従順で優秀で素直な人たちであり、間違った方向に進むのを止められる人がいなかった。だから、自分で情報収集し考え、議論できる人がより良い国の未来をつくる市民として望ましいと考えられるようになったそうです。

　フランスの教育省のホームページには身につけるべき基礎知識として、「読み書き、計算、他者の尊重」とあり書かれています。日本では現在「アドボケイト」が取り入れられ、子どもの権利を守るためにおとなが代弁する制度を導入していますが、フランスではそもそも、子ども自身が自分で意見を言えるよう育てています。

自分を知り自分を守ることで、自分も他者も尊重される

　娘が3歳の義務教育を始めたときにフランス語の1学期の目標は「自分の好きな絵本などをみんなの前で紹介し、なぜ好きか説明し、反対意見にも応じることができる」と書かれていたことが印象的でした。

　自分の意見を言える人間を育てる教育は、3歳で始まったわけではありません。生後3か月で保育園に入ったとき、娘は寝返りも打てない赤ちゃんでした。自分で動けるもっと大きい子どもが顔にぶつかってきたとき、娘は私を見て先生を見たのですが、先生が「嫌なら怒りなさい。怒らないと嫌だってわからないよ」と言いました。

　私は、大きい子どもが気をつけるように注意をされると思っていたので驚きました。けれど「怒るときどうするの？　ぎゃー！って言える？」と赤ちゃんに練習させている先生を見て、「空気読めよ」ではなく、「相手に自分が何を好み何が嫌か伝える、お互い知り合って尊重し合う」人間関係と社会のつくり方なのだということを理解しました。

自分の好きなものを知る

　娘が退院すると、生後1週間のときに保育園で面接がありました。園長は保育園で子どもたちは自分の好きな活動を選び、何も強制されず好きなことをとことんつきつめる、その支えをするのが職員であると説明しました。私は生後1週間の娘が好きなことをつきつめる姿など想像がつかないのでピンとこなかったのですが、実際に入ってみると、まだ自分で身動きもできないのに、先生たちが4つの部屋でそれぞれアクティビティを提案しています。歌、音の出るおもちゃ、いろんな形や触感のおもちゃと大きな鏡…

　フランスの教育において多くの人で子どもを育てることを重視していることも市民としての「個」を育てる意図があるようです。3歳からの義務教育は、朝、学校で迎える人は先生ではありません。教育アシスタントとして休み時間や給食をみる人たちです。休み時間も給食も教師は休憩時間なので子どもたちといっしょに過ごしません。放課後はまた別の教育アシスタントが来ます。6週間学校に行くごとに2週間のバカンスがあり、夏は2か月のバカンスがあるので、全部で16週間バカンスなのです。学童保育はアクティビティの選択肢があり、いつもと違った友だち、おとなと過ごします。定期的に知っている人が少ない場所で過ごす経験を重ねる中で、出会いを楽しみ人間関係を築く訓練を積み重ねます。その中でコミュニケーション能力が鍛えられるように感じます。

自分を知る、他の価値を認める

　3歳になりたての娘を初めて夏休みの学童保育に連れて行ったときに「日帰りキャンプ、美術館訪問、サーカスの練習」が選択肢で、娘がさっと選んでいたのが印象的でした。自分のその日の過ごし方を選択し、いろいろな生き方をするおとなに出会う。初めてのことを経験し、できなかったことができるようになり自信がつく。自分が好きなことがたくさんあることを知る機会を積み重ねています。毎日スタッフもメンバーも違うので緊張しましたが、興味の幅が広がる夏休みでした。

　そのような中で「あなたそんなことができるの。すごいのねぇ！」というのが幼稚園の子どもたちのあいだの会話なのをうらやましく感じていました。

初めて夏休み学童保育に行くところ

●権利という言葉は日常会話のなかにある

　話し始めの2歳くらいの子どもでも使う言葉として「そんなことする権利、君にはない（Tu n'as pas le droit）」「僕にはこれをする権利がある（j'ai le droit）」「正しくない（C'est pas juste!）」といったことがあります。

　私は日仏通訳を10年来しています。日本人で法律よりも倫理よりも会社内の自分の評価を優先するのを見たり、正しくない行いをするのを見ると、「正しい」「正しくない」という価値観が軸にはなっていないことを思い知ります。これは、日本では多くの人が「正しくない」と思うようなことが長年起きていても修正されない、問題として改善のための取り組みがされない理由の1つであると思います。

● 意見が言える社会にする

　フランスの現場では職員が立ち上がるからこそ福祉が前進するのだろうと思う場面を見ます。例えばホームレスが1日何も食べていないと福祉事務所を訪れたとき、その日は普段と違い冷凍ブランドのお弁当を温めるだけの食事が用意されていました。30代女性の担当者がすぐに県の担当に連絡をして「こんなのがフランス人の平均的な食事だと言うのか。正しくない扱いだ、明日以降このようなことは起きるべきではない」と電話している姿が印象的でした。

　「信念を貫きたたかう」ことをフランス語で「ミリタン」と言いますが、福祉現場の職員はよく「我々ミリタンだから」と言います。子どもや弱い立場の人の代わりに声をあげる必要がある、それは現場を知っている人たちの役割であるという認識です。そのためには批判精神と「正しくない」という意識が必要不可欠です。

自分はどんな人間なのかという意識

　フランスの公園でよく見ていると、どんなに小さくてもお互いに意見を言って、子ども同士で社会が成立しているのがわかります。フランスの公園はおとなたちは遠くのベンチで日光浴をしたりおとな同士話していて、子どもたちがもめていても入っていきません。日本は小さい子どもの横におとながついて、おとなが砂場にまで入っていたりするので大きな違いです。フランスで小さい子どもが滑り台に登るのに手こずり、後ろの子どもが煽っていると他の子どもたちが注意します。

　アリの巣に足を置いている子どもがいたときは3、4歳の子どもたちが次々来て「君にはそんなことする権利ないよ」と止めていました。足を置いていた子どもは「僕はそんなことする人間ではない」と泣きながら足を外しました。「ダメでしょ」ではなくその人の人間性に問いかけるやりとりでした。

歩き始めのときから、大きい子どもが助けてくれるので、例えばジャング
ルジムに上がったものの降りてこられないときなど、私が手伝いに行く必要
はありませんでした。娘は3歳でフランス国外に行ったときも「手伝ってと、
ありがとうってなんて言うの？」と確認したきり走って行きました。そして、
「プリーズ！」「ベリマッチ！」と、自分の手が届かない遊具でも知らない人
たちに助けてもらいながら楽しんでいました。社会に対する信頼感があるこ
とをうらやましく感じたものです。

　一方、日本では知らない子どもたちと遊べることは稀で、ブランコをしてい
たときも2人組の小学生が来て、「あの子いつになったら降りるんだろうね？」
「服も変だし！」とお友だちになりにくい声のかけられ方をしました。同じ人
と過ごすことが多いこと、見知らぬ場所でひとりで人間関係を築く機会が少
ないことからきているのかもしれません。

公園で遊ぶ子どもたち

●コミュニケーション教育

フランス教育省は「心理的社会的能力を育てる」ことを目指しており、例えばホームページに子ども向けの「メッセージの伝え方（un message clair）」を載せていて、学校でもたびたび指導されます。「私はあなたにメッセージを伝える必要があります」「あなたが○○したとき、私は悲しい気持ちになりました／苦しくなりました／怒りました」「私のメッセージがわかりましたか」それで満足な話し合いができないときは、内容と残る問題をノートに書き、先生と親も含め話すという手順です。

同じく教育省のホームページにルール違反についての対応方法についても書かれています。「怒る」のはおとなが自分の弱さを見せる行為、子どものルール違反への対応は「責任ある市民を育てる教育」であるとし、方法を詳細に載せています。

フランスは全国において権利が行き届いていることを監視する国の独立機関（Défenseur des droits）があるのですが、そこは法律に関する6歳からの教育プログラムをつくっており（Educadroit）、「矛盾に気づき批判的な分析ができること」を目標にしています。

他者からの評価を
自分の基準として育ててよいのか？

一方で、日本の幼児教育はどうでしょう。私は、通信教育の日本の幼稚園5歳児クラスの娘の教材に「年賀状を書いてみよう」というキットがあり、そこに「がんばる」内容を書くように指示があることに非常にショックを受けました。「しょうがっこうでも　がんばるよ」「べんきょうをがんばるよ」などと書いたカードが用意されているのでした。

祖父母に書くという設定の年賀状で、なぜ「がんばる」ことを宣言させようとしているのでしょう？　フランス語には「がんばる」という言葉もない

ですし、「がまん」「一生懸命」「負けず嫌い」などもありません。

　考えてみると、それらは良い結果を出し続けることへの期待、おとなから見た評価を期待しています。

　そして、日本の「いい子」という評価基準もフランスにはありません。この評価基準はおとなから見た子どもの評価です。子どもが何を感じどのように生きたいか、おとなにも子どもにも見えにくくなる。子どもの中の迷いや葛藤や疑問を封じ込めることにつながらないか心配があります。

　フランスは自分が何がしたいか、自分は何が好きでどんな人間になっていくかに関心をもつのに対し、日本で色濃く「他者に評価される自分」という価値観があることがうかがえます。

行動する力を育てる

　フランスの教育がフランス独自の精神にのっとったものであるというわけではありません。世界人権宣言がもとになっています。その人らしさが開花すること、そして理解と寛容さと友情が育つよう支えること。フランスはさまざまな活動、特に文化的な活動をする中で人のつながりが育つことを目指しています。

1948 年世界人権宣言 26 条
フランス語訳（フランス語からの日本語訳）
　教育はその人らしさが開花すること、人権と自由が尊重されることを確かにすることを目的とする。
日本語訳
　教育は、人格の完全な発展並びに人権及び基本的自由の尊重の強化を目的としなければならない。

同じ人権宣言でも訳によってだいぶ印象が違うことがわかります。フランスの教育が個の発展と開花を目的としているとしたら、日本は「生徒としての評価」が強く、提案されたことを受動的に受け入れるリスク、個として考えることは重視されていない可能性もあります。

　例えば文化についての両国の学習指導要領を比べると、以下のようです。

> **日本の学習指導要領**（小学校／平成29年告示）では、我が国と郷土の現状と歴史について、正しい理解に導き、伝統と文化を尊重し、それらをはぐくんできた我が国と郷土を愛する態度を養うとされている。
>
> **フランスの文化省と家族省による**「芸術的文化的目覚めのための指針」は、「自身を築き、開花し、自身に関わる判断に参加し意見表明し、自分の居場所を見つけ、自由を得る」とある。

　日本では、個人の開花より「理解」や「尊重」。能動的な国民ではなく、国民というグループの中の理解ある国民を目指している印象を受けます。

　それに対しフランスは、より良い社会のあり方を探すのが国民なので、自分で考える力を養い、一人ひとりが能動的に自由で豊かな考え方ができるよう育てることを目指していることが理解できます。

● 行動する力

　フランスにおいては「行動する力（pouvoir d'agir）」という言葉を専門職たちは使います。直訳だと「反応する力」です。日本語でも使われているエンパワメントに近いのですが、それぞれの人が自分の望みを自覚し、言語化し、自分の望みのために行動していけるよう支える、そのことを阻害する重荷になっているものをいっしょに解決する、そういった意味合いです。

　この言葉で著名なカナダの社会学者ヤン・ル・ボッセ（Yann Le Bossé）は「行動する力は、人が自分にとって大事だと思うことについて自分で操作

することができること」と定義しています。日本では「主体性を取りもどす」などという言い方がありますが、そもそもフランスは誰もが主体です。子どもにおいては「自分のために行動していく」ということが成長と同じような意味をもって捉えられています。父親が反対していても習い事をしたいと主張できる、離れて住む父に母が反対しても会えるよう手続きすることなどです。専門職が使う言葉をもとにすると、このような段階を経て支えているようです。

自立について日本では経済的側面のイメージが強いですが、フランスでは自分で解決できないことについて助けを求めることができる、誰に頼めばいいか知っているということも意味に含まれています。つまり、行動する力は自分一人で全部しなければならないという意味ではありません。

図2◆**行動する力 イメージ図**

エデュケーターたちへの調査をもとに筆者作成

● 社会の中の自分を自覚する機会

13歳のとき全員が1週間フルタイムの職業実習をする義務があります。自分で実習先を見つけて来なければなりません。日本からの駐在家庭の子どももがルイ・ヴィトンや大使館で実習を決めてくるのに対し、地元のパン屋を5軒まわっても断られたと落胆して先生に相談する子どももいます。子どもにとって職業の世界で選択肢の広がりは人それぞれであることを自覚する機会になります。何軒か断られてから先生といっしょに自己紹介の手紙を書いたり、あいさつや面接の練習をしたりすることもあり、さながら就職活動体験です。「薬剤師が気に入ったから、この科目は特にがんばらないと」と、

より勉強が自分ごとになったり、医者に関心があったけれど医療ソーシャルワーカーの実習をやり直したり、子どもにとって転換点の1つになることが多いです。

●それぞれの能力を引き出す教育

　小学校から中学校に入るときも、スポーツが強い学校、3か国語習い、いずれ例えば日仏両方の高校卒業資格が取れるところなど、学校に個性があるので行きたい中学校がある子どもは小学校4、5年生から成績を気にします。さらに、中学生は全国共通の中学卒業資格試験に合格しないと、卒業資格が取れません。

　成績が良くなかったり中学卒業資格が取れない場合は1年やり直すか、職業科に進みます。職業科は16歳か18歳で経済的に自立できる資格の取得を目指していて500種類あり、4か所で合計12-15週間の現場実習の単位取得が求められています。実習受け入れ側は生徒のフルタイムの指導を3週間ほどするうえ、実習費も生徒に支払うので、受け入れ先を見つけるにはある程度その職場で認められる、職業を継承してほしいと思われる必要があります。

　このように自分の人生を自分で生き自分で選択していくという仕組みになっているのです。3歳からの落第制度は「子どもを質の高い市民に育てるための教育」という国の姿勢の表れであると現場の人は言います。義務教育は16歳になったときどの子どももある程度の力を身につけているということになります。卒業してから能力を身につけておらず右往左往するのではなく、13歳のときから進路担当と面談を重ね、16歳までにどのような方法がその子どもの力を最大限引き出すことができるか適した教育を探したり進路を探したりします。幼稚学校から1人の生徒の教育費に年間約50万円かかり、その子どもが2回落第すれば100万円余計に費用がかかる。大学も専門学校もほぼ無料であり、生活費にあてる奨学金も収入に応じて支払われ

返済不要なので、高校や専門学校や大学を何回もやり直せばその分、国が1人にかける教育費は膨らむ。小さいうちからケアをするほうがコストを抑えられると考えられています。

　もちろん逆に、飛び級をする子どももいます。先日もとても小さい子どもが店内で商品を片っぱしから読んでいたので「なんでも読めるのね！」と驚いて言ったところ、4歳だけど小学2年生なのだと言っていました。子どもの成長や凸凹に柔軟に合わせどの子どもの才能も最大限生かされるようにしています。児童相談所は私立校であれば伸びる子どもの私立校の費用も出します。

　最近の、パリの傾向は問題が多い地域ほど少人数制にすることです。言葉の発達が遅く自信もなかったある子どもは、全クラス9-12人の少人数制の公立小学校に転校したことで「自分のための場所だと思った」と、めきめき成長し半年で言葉の遅れもなくなりました。

　行動する力が育まれることの土台として、子ども自身が選択できることは必要不可欠です。

子どもの開花を支える学校

　サラちゃんという中学2年生の女の子が学校に呼び出されたということで、付き添ったことがありました。呼び出しの経緯としては、休み時間を担当する教育アシスタントからサラちゃんが休み時間にいつもの友だちと過ごさなかったこと、英語の教師から授業中に注意をされてふてくされ机に突っ伏し授業中の態度が適切ではなかったことの2点の連絡があったということでした。

　フランスでは、特に中学以上は教育相談員という国家公務員が生活面、生徒と家族とのやりとりをするので、教師は教科を担当するのみと役割分担がされています。その面談では、実に多くの提案がされました。

　まず、休み時間にいつもの友人と過ごさなかったことについて質問され、その友人への面談が約束されました。次に、休み時間教室で1人で過ごすのではなく、いくつかある昼休みのアトリエに参加するよう勧められ、彼女が選んだアトリエに参加手続きを行い、その指導員に連携をとって今後フォローをすると言いました。授業中の態度が適切でなかったことについて、彼女は勉強のモチベーションが低いことが悩みで、先々の明るいイメージができないと言いました。教育相談員は彼女の関心のある職業を聞き、希望する3つについて知り合いのつてで、次の学校休暇期間中に1週間単位の職業実習をさせてもらえるようコーディネイトすることを約束しました。特に彼女が希望するパティシエについて、これまでも先輩たちの研修を受け入れてくれたとても親切な店に電話をしておくから早速きょう、学校帰りに寄ってあいさつして来なさいと言いました。また、さらに彼女が学校の雰囲気、クラスメイトたちの雰囲気に違和感があると言うと、近隣の学校の見学と、全寮制の学校の見学も外部機関とのやりとりを担当するソーシャルワーカーに手配を依頼してくれました。

　サラちゃんは面接の初めは自分の膝を見ていたのが、後半は教育相談員の目を明るい表情で見ていました。帰り道サラちゃんはがんばれない現状を打

破するための選択肢がたくさんあることを知り「いろいろ試してみたいという気持ちになった」と言って笑顔でした。特に彼女にとって励ましになったのは、彼女の言葉一つひとつに重きをおいて受けとめ、彼女のためにできる限りのことをするという姿勢を見たことであるように感じました。

　結局、サラちゃんは学校見学の結果、違う学校に行くことを選択したため、翌月には転校しました。前の学校では授業中の態度や遅刻などで呼び出しがあったのが、次の学校からの通知表には「輝かしい生徒。他の生徒もこうあってほしいと思うような姿勢で何事にも取り組む」と書かれていました。次に会ったときには、希望する職業をパティシエから弁護士に変えたと、うれしそうに話していました。子どもは環境しだいで変わること、子どもの「うまくいっていない」という訴えを聞き入れることで、子どもに可能性を広げることができることを知る機会になりました。

　市民の育成は、例えば中学・高校歴史地理の教員試験国家資格の課題例からも見てとれます。2020 年の合格率は 12% だったのですが、課題 4 つのうち 2 つを引用します。

　　文献分析 5 時間「イギリスの 1640-1700 年代の政治や外交に関する資料について、1. 文献を批判的に分析し、2. 教師として生徒に教えるべき価値や概念や知識の伝達のための論理を発展せよ」

　　公開授業「与えられたテーマについて数々の資料をもとに 4 時間で分析し、テーマの内容を的確に説明できる、さまざまな議論があるものを偏りなく紹介し分析でき、最新の研究や調査をもとに市民として考えるべき問題や社会的な課題を明らかにし、テーマから現代社会を考える視点を提供する。教育的文献、科学的資料、社会的資料という異なる分野を比較検討する中で分析し教育につなげられる力を試す」

考える力を育てる、それぞれの能力を引き出す教育について書いてきまし

図表3◆行動する力を育てるためのキーワード

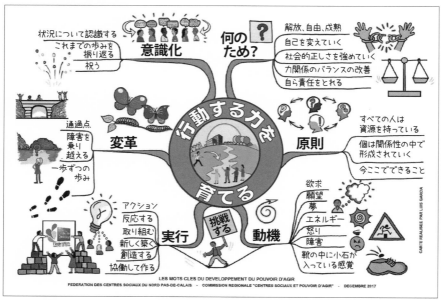

訳出：安發明子
原タイトル：Les mots clés du développement du pouvoir d' agir
出所：Fédérationdes centres sociaux du Nord Pas-de-Calais
　　　Commission Régionale «Centres sociaux et pouvoir d' agir» decembre 2017

た。では、おとなになってからはどうでしょう？　日本で社会のために連帯していくことが難しい理由があるとしたら何でしょうか？　虐待をテーマに扱う学会でイギリス人の専門家が発表をし、日本人の実務家が「日本の現場では、思うことがあってもなかなか声をあげにくいというのが課題だと思います。そのことについてどう思われますか」と質問したところ、イギリス人が「利用者のために声をあげることこそが、ソーシャルワーカーの役割です」と答えていたのが印象的でした。

　フランスでは「連帯」という言葉がよく使われますが、他者のために力を合わせることを指します。日本で声をあげにくい理由は「評判搾取システ

ム」が浸透しているからだと思います。フランスが自身の専門性を築きキャリア形成することが求められるポストごと無期限採用であるのに対し、日本は終身組織雇用。後者は組織の中の自身の「評判」を気にしなければならない。フェイスブックの投稿でさえ「本当は『いいね！』としたいけど、会社で政治的な関心や活動には参加できないことになっているから『いいね！』ができなくてごめんね」と旧友に言われることもあります。メールアドレスがあり、同僚の政治的な言動などを連絡することが義務づけられている組織もあります。「評判」という価値があると、いくらでも搾取することができます。評判を気にして意見を言えないようにすれば、理不尽を押しつけられます。

　けれど、その結果、被害を被り続けるのは弱者です。誰も声をあげない、問題視しないと理不尽は続きます。それぞれが自身の評判を気にし声をあげなかったら、どのようにして物事を改善していくことができるでしょうか？

　フランスでは、日本は世界で最もお金持ちな国の１つだと思われています。一方で、過労死という現象が起きるくらい働き、一方でフルタイムで働いても貧困に近い暮らしがあること、お金がかかり子どもが持てず少子化していることが不可解であると言われます。

パリの地下鉄のストは世界的にも有名だ。2020年年明けには、年金見直しへの反対を求めて、6週間も公共交通機関が止まり、私も雨の中を毎日2万歩、ズボンの替えを2着持って歩いた。
それでもストへの不満を耳にすることはない。「当然反対するべきだ！」と言う。そのようにして自分たちの暮らしを自分たちで守り、自分たちの国が望まない方向に導かれないように、パリの市民は抵抗している。

お金は、一部の人のところに集中しているのではないでしょうか。待っていても弱者の暮らしがよくなる取り組みがされるとは思えません。持てない国の貧困ではなく、持てるものの多い国で貧困や不幸が起きている──それは、この国の人たちが声をあげてこなかった結果だと思います。

与えられた枠を問い直す

　日本の子どもの福祉に関する学会に参加したときのことです。全国で同じサービスを提供している機関が集まり、それぞれの取り組みを紹介し合いました。結びは誰もが「予算も人員も限られ、活動の幅も制限された中ではありますが、できることをがんばっていきたいと思います」と言います。

　現場のソーシャルワーカーたちが今以上の福祉を求めていかなければ、理想の福祉に近づいていくことはできないのではないでしょうか？　よく「リソースが足りていない問題をフランスではどう克服していますか？」という質問も受けます。問題に気づいている人たちが声をあげていく。そのようにして社会の現実に合った制度にしていこうとすることだと思います。理不尽や正しくないことについて、福祉が不足していることについて、これでは足りないよ、権利が守れていないよと一人ひとりが口にし、枠組み自体を発展させていく方法を探すことです。

　日本では制度や枠組みについて「国の責任」と考えていることがあります。しかし、国としては必要な制度は整えている、実際フランスにあって日本にないものを探すほうが困難です。でも、現実には大きな開きがある。自分たちの実現したいことを自分たちで形にしていく、自分たちがこの国をつくっている、その意識を育て共有していくことが大事だと思います。

■ 注 ··

1 Le Parisien, 2023 年 2 月 5 日, Marche blanche pour Lucas : « Ayez le courage de vous battre pour ce que vous êtes », lance sa mère（「ルカのための追悼行進：母は『自分自身のためにたたかう勇気を持ってください』と言う」）

2 vie-publique.fr より "le caractère social de la République qui résulte de l'affirmation du principe d'égalité. Il s'agit de contribuer à la cohésion sociale et de favoriser l'amélioration de la condition des plus démunis."

3 France TV info, 2022 年 10 月 11 日, Droit à l'avortement : en 1972, le procès de Bobigny marque l'histoire（中絶する権利：1972 年、歴史に残る「ボビニー裁判」）

★以下、本書掲載の URL は、2023 年 5 月時点のチェックによる

アブデルとマリック
Abdel Ajnoui, Malik Bomba
表紙の2人を紹介します

アブデル先生と赤ちゃん

アブデル・アジュヌイ先生

　アブデル先生は、アトリエ・スコレー（atelier scolaire）という不登校だった子どもが通う個別支援学校を立ち上げ校長を務めていました（2022年定年退職）。アトリエは、県の児童保護の予算で運営する民間の日中入所施設です。

　まずはエデュケーターたちが毎日交代で家に行き子どもが好きなことをいっしょにします。そのうち、子どもは好きなエデュケーターの授業に通いたくなり、演劇や乗馬や絵の授業に来るようになり、友だちができ、毎日登校するようになります。ここでは8時半から学校が始まるのに、寒空の下、8時から校門前にたくさん若者がいておしゃべりしているのです。不登校だった子どもも好きな学校なら楽しみに通うんですね。

　最初はしたい活動をして、できなかったことができるようになり自信をつけていくと、子どものほうから勉強に取り組み直したいと言う日がくる。そのときには遅れをあっという間に取りもどしてしまいます。その後も「遊び、活動、学び」の3つをバランスよくします（アトリエ・スコレーの活動についてはp101参照）。

　子どもたちはアトリエを「家族」と言います。先生たちは親戚のおじさんおばさんみたい、仲間はきょうだいみたい。アトリエは1年半くらいで卒業し一般の学校に自信満々で帰って行くのですが、その後も実家のように話をしに帰ります。

アブデル先生を囲みアトリエ・スコレーの先生たち

　アブデル先生は、モロッコで生まれ育ち、大学に通うためパリに来て、夜勤で働いていた施設の子どもたちに勉強を教え、多くの子どもを医学部をはじめ大学に送り出しました。そして、博士課程の学生だった1986年29歳のときアトリエを設立しました。フランス国内、世界各地から講演に招かれています。

　その教育法は、小さな子どもも歴史を

背負ったひとりの人間として見ることで
す。胎内からの経験と親たちの過去、現
在の環境、将来の見通し、健康状況、それ
らすべてを前向きなものにする支えが、ま
ず教育の中で求められている。子どもが
どんな苦しみを抱え、どんな喜びが暮ら
しの中にあるのか。重い歴史から子ども
を解放し、前向きに生きられるための歴
史を子ども自身が描くのを手伝います。

　喜びを感じる機会をたくさんつくりま
す。成功した経験、拍手された経験、いい
成績がとれた経験、会えなかった親に会
えた経験、親といい時間をいっしょに過
ごした経験…。歴史を前向きなものに書
き直すことができれば、自分の望む人生
を築いていくことができる。書き直す機
会がないと歴史の重荷を背負い続けるこ
とになる。

　薬物中毒で売春をして生きるお母さん
と暮らす15歳の若者がいい成績を見せ
にきたとき、アブデル先生は涙を流しま
した。彼女は「これまでたくさんバカに
されてきたし、私も自分は価値がないと
思っていた。けれど今はもう誰にもひど
い扱いなんてさせない、正しく対応してい
くことができる」と言います。

　「教育の枠に当てはめるのではなく、個
人の成長を支えると、その人は社会と調
和して生きていけるようになる」とアブデ
ル先生は言います。

マリック近影。いつも穏やかで温かい

マリック・ボンバさん

　マリックは今年23歳。6年前にアトリ
エ・スコレーで知り合いました。彼は里親
宅から通っていましたが、お母さんは母
国にいて、21歳のとき1回会ったきり、成
人してからは毎月お金を送っています。
父親と義母とその子どもたちと暮らして
いましたが、父は不正なビジネスのため、
たびたび投獄され、ついに12歳のとき父
と彼は家から追い出されてしまいます。

　父の知人宅を転々としながら中学校に
通っていたら、学校ソーシャルワーカーに
「スニーカーがすり切れてるけど、おうち
で買えなかったらこっちで買うとお父さ
んに連絡するね」「洋服がいつも同じだ
からこっちで買うとお父さんに連絡する
ね」――そういったやりとりののち13歳
で、子ども専門裁判官に会いに行き、里
親宅に移りました。マリックは「ソーシャ
ルワーカーたちは本当にいい仕事をして
くれた」と言います。

　父にも義母にも殴られて育ち、義母は

自分の子どもたちには服を買ってもマリックには買いませんでした。小学校時代は学年1位の成績だったのが、中学に入ってからは何も必要がなくてもひったくりをして、盗んだものを手に余していたし、けんかで何回も退学・転校処分になっています。

　マリックは、里親のところで13〜19歳まで過ごしました。里親も手を焼いて母国のお母さんに電話して「あなたの息子さんもう無理です！耐えられません！」「そこをなんとかお願いします！息子を追い出さないでください！」とやりとりしていたこともあったそうです。1度病気になって里親と行った病院でお医者さんが「僕も里親のところで育ったよ、里親にひどい思いをさせてはいけないよ」と言われたことが心に響いたと言います。ぜんぜん言うことを聞かなかったけれど、里親は「いいよ、今は聞かなくて。いつかうんこしてるときに思い出してちょうだい」といつも言っていたと笑います。今では里親からヘルプの電話が来てかけつけ、お兄さんとして里子たちに接しています。児童相談所の担当は13〜19歳まで同じ人でした。問題を起こすたびに奔走してくれ、街でばったり会うと抱きしめて「りっぱになったね」と言ってくれます。

　14歳でアトリエ・スコレーに通うようになっても、何もしゃべらない、何にも参加しない、暴力を振るう、他の子どもをバカにする、先生たちは何度も彼に殴られている、といった状況でした。関わるおとなをとことん怒らせて拳が出るかどうか確認して安心感を育てていたのです。そんな中で、やりたくなかったことが全部大好きになって、演劇をしてみんなで笑ったり泣いたり、仲間が居心地よく過ごせるよう雰囲気づくりするのが得意だと気づいたり。あのときの仲間は今も家族と言います。

　職業資格は3つもとりました。結果的に配管工を職業とすることにしました。朝仕事場に行くとその日1日の自分のミッションが並んでいて、ひとり任されて現場に行き解決するという働き方が気に入っていると言います。

「学校ソーシャルワーカーが気づかなかったら、裁判官が里親宅が望ましいと言ってくれなかったら、アトリエが僕を追い出していたら…、確実に今は刑務所にいる。この本を日本の子どもが読んでおとなを信じ、おとなに手伝ってもらって成功して、おとなは信じてみるものだと他の子どもたちに話してくれたらすばらしい貢献になると思っている。子どもは『助けなんていらない。自分でする』って言うもの。時間がかかるし何人も頼れるおとなが必要。日本でもいいエデュケーターが増えて助かる子どもが増えてほしい」

子どもの
権利

NOと言えるように
なって初めて、
YESが選べる。

子どもの権利の土台は子どもが気持ちを表現できること

●ウェルビーイングが大事

　私は子ども時代、子どものことをおとなが勝手に決めることが、子どもの時間も気持ちも希望も取るに足らないものとされているようで残念でした。自分にモーターが搭載されていて、自分の行きたいところに進めるモーターボートのようには感じられませんでした。比較的良い暮らしだったとしても、子どもは笹舟、親しだい。日本ではおとなの権利も守られていないことがたびたびあるけれど、子どもの権利はさらにリスク状態、そのように感じています。特におとながまちがえていたり、威張っているとき、状況を改善する方法がとても少ないのです。

　フランスではあいさつのときに、知っている人だと「tu vas bien?」と言います。身体的だけではなく心理面で「調子はどう？」という意味です。ただ「調子いいよ」と答えると「精神面は？（et le moral?）」とさらに聞かれたりします。あいさつでかわされるやりとりだけでも日本語にないものばかりで、フランスで心理的な調子の良さ、ウェルビーイングで満足している

◀とびらに寄せて

　子どもたちは子ども同士、自分の名前を言い、助け合っていっしょに遊ぶ。子ども同士注意し合い、小さくてもみんなにとって居心地いい市民社会を公園の中に築く。そこにおとなは必要ない。

　「責任ある市民を育てること」と教育省が掲げているように、教育において社会性は重視されている。重い病気や障害で一時的に自宅学習をする際も、医療ケアのあるサマーキャンプへの参加など、人との関わりの中で過ごす機会が用意される。

状態かどうかが重視されていることがわかります。幸福度や満足度の世界ランキングをユネスコが毎年発表していますが、それを言い出したのは、フランスのサルコジ大統領でした。疲れたら病休を取ります。「疲れ」が十分、病休の根拠になるのです。

● ケアするためにはウェルビーイングに気づくことから

在宅支援を受けている子どもについて、支援開始のきっかけを調べ日本語で発表しようとしたときにがく然としました。日本語にない表現ばかりだったからです。支援のきっかけは、学校であることがほとんどなのですが、記録されている「心配」な理由をあえて日本語をあてはめると、以下のようなものです。

「ウェルビーイングの状態にない」「開花していない」「感情の目覚めが少ない」「刺激が足りない」「自分を消している」「自らを築くことが制限されている」「調子の悪さを学業の遅れで表現している」「自分に対するイメージが良くない」「何かをしたい気持ちが育っていない」「傷ついている」などです。「自分のスニーカーを快適に履けていない」「自分の肌に快適に包まれていない」というのもよく使われる表現ですが、自我の状態に着目しています。「支援が必要である」という根拠が、専門職から見たこれら「子どものようす」において心配があることなのです。

比較すると、日本では子どもの不調を受けとめず、「がんばれ」という習慣が、多かれ少なかれあるように思います。私は中高時代不眠や頭痛を訴えても誰もいっしょに理由を探そうとしてくれませんでした。将来に対し明るい見通しがもてないことについても満足できる対応を誰にもしてもらえませんでした。ですから、唯一いっしょに考えてくれる小学校時代のスイスの友だちや担任に手紙で伝え続け、おとなになってたどり着いたフランスでその答え探しができた気がしています。

調子が悪いのには理由がある。理由を解決したら調子が良くなる。単純な

図表1 ◆ パーソナル天気／自分の不調に気づき、話せるようになる

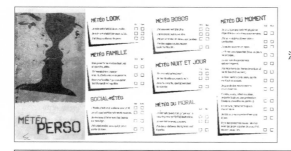

注：Ａ4四つ折の印刷物。学校の心理
士や看護師がいる部屋、アルバイ
ト情報などを得る若者情報セン
ターなどに置かれている。若者が
自分でチェックするため、そして
心理士など支援者が自分の不調を
うまく表現できない若者と話す
ツールとして利用する。

ルックス天気	痛み天気	今の天気
自分の身長に満足している	よく頭が痛くなる	週2時間以上運動している
自分の体重に満足している	よくお腹が痛くなる	何かしらの食事制限をしている
肌の色で気になることがある	よく足が痛くなる	ごはんを抜くことがある
家族天気	生理痛がひどい	ほぼ毎日タバコを吸う
両親は仲が悪くて心配になる	**朝と夜天気**	薬物を使っている人を知っている
両親との関係を改善したい	眠りにつきにくい	マリファナや大麻を吸ったことがある
家族の中に健康が心配な人がいる	夜中に目がさめる	アルコールを飲むことがある
社会的天気	日中疲れている	服薬している
学校が自分にとって問題	**気持ち天気**	乗り物に乗るときはヘルメットをかぶる
自分がしたい仕事がわかっている	死にたいと思っていた人を知っている	いつもシートベルトはしめる
同年代の友達と居心地よく過ごしている	よく悲しくなる	ワクチンはすべて接種済みだ
なんでも話せる友達がいる	話しにくい問題がある	性や避妊について話せる人がいる

原題：*METEO PERSO*
発行：Ministère chargé de la santé, inpes (institut national de prévention et d' éducation
　　　pour la santé)　2009年8月 Ref-413-09670-DE

　ことですが、子どもは自分であちこち受診できるわけではないですし、調子
が悪い理由を子ども自身で解決できません。がんばりの強要、「いい子」と
いう価値観の強要は子どもの気持ちやようすを見えにくくしてしまいます。
調子が悪いときはきちんと原因を探し解決できた方がいい、短い子ども時代
調子よく幸せに過ごせる努力をする役割はおとなのです。子どもの権利を
守るには、まず第1に「今をどう生きているか」「つらさの症状がないか」
観察し、対応すること。もし本人からの訴えがあったら、しっかり受けと
め、方法をいっしょに探すことからです。
　調子の悪さを表す言葉が日本語にはとても少ないので「こういうことが調

図表 2 ◆ 在宅教育支援の子ども向け冊子（一部紹介）

P14
全然ダメな日もあるよね。
自分が笑っているのにほんとは泣きたい気持ちだったり。
黙っているのにほんとは叫びたい気持ちだったり。
うまくいっているように振る舞えなかったり。
自分だけみんなと違うように思えたり。
そして一人ぼっちに感じたりする。

そういうときは家と学校、おうちと外の行き来に落とし穴があるように感じたり、遠く難しいものに感じる。

P15
そういうとき、泣いたり、わかってもらえないように感じたり、全部忘れたり、怒ったり、誰かとケンカしたりする。
そういうときは波のようにやってきて、また波のように消える。

そういうとき学校は特に難しくなるよね。
こんなことが頭の中につまっているのにどうやって集中なんてできるんだろう。

P28
だからエデュケーターは、きみと、家族と、きみの大事な人と一緒に、どうやって大きな荷物を開けるのがいいか探すよ。
いろんなものが出てくるね、荷物を開けていくときにはたくさん一緒に話して、たくさん一緒に過ごすことが大事だよ。

P29
そうしたら、荷物が軽くなる方法が見つかるかもしれない。

原題：*Si le livret d'accueil m'était conté...*
発行：Association Olga Spitzer
制作：在宅教育支援エデュケーターたち

子が悪いということだよ、こういうときは言っていいんだよ、助けてもらったら調子がよくなるよ」と教える必要がまずあること、そして、子どもが話したら必ず解決まで見届けることが第1歩だと思います。そのためのツールをいくつか紹介します（**図表1・2、次ページ囲み記事**）。

暴力被害経験に気づき
ケアする冊子より一部紹介

「暴力とその影響についての情報」

中学・高校や地域で無料配布

暴力は心の健康に大きく影響

　暴力は、あなたの権利を侵害するものです。攻撃、叩く、罵る、侮辱的な言葉、おとなからの性的な言動、これらは、法律で犯罪とされていることです。社会がまだあまりにも正しくなく、不平等であるから起きているのです。

　助けられ、守られなければなりません。健康への影響はケアすることができます。

こんなことがありますか？

　どうせ1人だと思う、見捨てられた、落ち込みがち、不安がある、混乱している、体調が悪い、フラッシュバックがある、思い出したり、感情が蘇ったり、夢を見たりする。

　現実と距離があるところに自分がいる感じ、身動きできない、空っぽ、自分がいないみたい、何か役割を演じているみたい、体が自分のものではないみたい、全部自分のせいだった、誰も信用できない、人と違う、自分はイケていない、自分は無能、ダサい、自分には価値がないと考える。

　いつも不安がある、心配、パニックの発作がある、特定の状況や場所を避けている、自分を神経質だと思う、説明がつかない怒りがある、何もしたくない、友だちに会いたくない、外出したくない、勉強する気がしない、話したくない、考えたくない、死にたい、授業時間がつらい、集中したり考えたり寝たりするのが難しい、忘れたいのに忘れられない。

　やめられないことがある。食べることについての悩み（摂食障害、過食）、自分を危険にさらすこと（家出、挑発、性的な服装、性的にリスクのある行動）、攻撃的か自傷的（リストカット、自殺未遂）、没頭する（アルコール、薬物、タバコ、市販薬、ゲーム、性）、商品を盗む、何かを壊す。抜け出られる希望がなく、将来が怖いと思う。

暴力の結果として起きるもの

　「生きるのが上手ではない」「繊細すぎる」「生まれつきこう」だと感じているかもしれませんが、それは違います。これらの感じ方や行動は、異常な状況で起きる正常な結果なのです。暴力によって受けた「内面的な傷」であることがわかっていて、心理的外傷と呼びます。

　あなたの脳が暴力に耐えるために反応した結果で、ケアすることができます。

原題：*Informations sur les violences et leurs conséquences*
発行：Association Mémoire traumatique et Victimologie（アソシエーション トラウマと被害記憶）、セーヌ・サン・ドニ県

権利について明らかにする必要があった

● 奴隷貿易と移民社会

　フランスは 400 年間にわたって 1200 万人もの奴隷をアフリカからアメリカのニューオーリンズに運び売った歴史があります。本書執筆中の 2022 年秋に、パリのエッフェル塔の脇、セーヌ川を臨むケ・ブランリ美術館でフランスの奴隷貿易についての展示がありました。

　当時キリスト教にとって、有色人種は人間ではなく家畜と同じ扱いでした。福祉が始まったのはイギリスでしたが、イギリスが植民地にした先では現地の言葉が失われるくらいイギリス流の教育が徹底して行われました。「人権についての意識が発展した」のではなく、人権についてきっちり対応しなくてはならない背景があった、というほうが正しいでしょう。

　奴隷制度最初の廃止宣言はフランス革命さなかの 1794 年、しかし、その後ナポレオンは「黒人は自由や人権を享受するに値しない」として復活させます。最終的に廃止に至ったのは 1848 年、それも奴隷の蜂起の鎮圧に手こずり、フランスはイギリスやスペインとの戦争にあり植民地を失う危機にあったので、奴隷に武器を持たせフランス市民として戦わせる必要があったからでした[1]。

● 1789 年フランス「人権宣言」

　フランスは 1789 年に「人権宣言」をしていますが、女性、子ども、黒人、外国人に適用することを想定したものではありませんでした。

　奴隷制度を廃止したのちも、「植民地共和国」として、「自由・平等・博愛」という普遍的な価値を世界に広めるという考えで植民地支配は続きます。現在、植民地が独立しても市場としての上下関係は残っており、海外領も残っています。

第2のチャンス高校は、16〜26歳の若者の就労や進路選択を支える。
筆者が調査した県には4校あり、10か月間基本給が支払われ、3週間
ごとに職場実習と通学をくり返す。1度仕事に就いてから辞めたり病気
になったりして来る若者もいるが、最近では移民も多い。それぞれの生
徒に担当の先生がつき毎週個別指導の時間があるので、就職してからも
若者たちが話をしにもどってくる。

　奴隷の歴史についての大きな転機は、2001年南米ギアナ選出の女性議員
トビラの発議を受け、フランスの上下両院が黒人貿易と黒人奴隷制度を「人
道に対する罪」と認めたことでした。その流れで「奴隷制度の記憶」を学校
教育や研究、文化の場で広め継承する提言書もまとめられました。翌年シラ
ク大統領は、「国家の偉大さは光だけでなく陰も含めたすべての歴史を認め
ることにある」と述べ、奴隷制度による犠牲者を追悼する日を定めました。

●移民にとっても自分たちの首都はパリ

　パリ市の児童保護施設にいる子どもの3分の1は未成年単身移民です。
親族が誰もいないフランスに1人で来た未成年です。平均16歳で来てい
て、18歳から21歳で児童保護を離れるまで、平均610万円の費用が県に
かかるといいます。あるセネガル出身の少年は「僕らにとって首都はダカー

ルじゃないよ。パリだよ。パリで成功する、──それが地元では一番すごい
ことなんだ」と教えてくれました。

　多くの若者は、地元では学校が有料であったり、成功する仕事もなかった
りすることから、親族や村で一番優秀な子どもにお金を出し合って送り出さ
れてきました。「自分が成功してお金を送らなければならない、先々広い家
に住んで家族を呼び寄せなければならない」と言います。旧植民地出身のフ
ランス語を話す彼らにとっては、フランス以外の国の選択肢はないのです。
このようにしてフランスは、移民難民を受け入れ続けてきました。特に未成
年の場合は初日から保護し、翌日から学校に入れ、フランス人と同じ権利を
保障します。彼らもフランスの未来を担う1人になるからです。

　多くの若者は目覚ましい成長を見せます。読み書きができなかったのに3
か月で克服し、1年半で学年トップになった子どもにも会いました。未成年
単身移民は目的をもって入国し、国内で1人で生きていく自覚があるので、
決して学業や職業訓練を手放しません。

● 教育で平等を目指そうとしても社会は平等ではない

　一方で、近年のテロ事件の主犯者たちの大半が移民出身の20歳前後の若
者でした。それは、誰もが教育を受け資格取得もできる──けれど、同じ
資格でも、出身によって採用は平等ではありません。貧困層から富裕層に移
るのは難しい社会であることが背景にあります。

　国のホームページによると、例えば、北アフリカ出身の名字と名前である
場合、フランス人よりも31％も履歴書をもとに採用面接に呼ばれる機会が
少ないそうです[2]。差別を防ぐために履歴書に写真をつけない習慣などが浸
透していますが、機会は平等ではありません。多くの若者がフランスの福祉
と教育の中で巣立っていく影で、このような現実があることも事実です。皆
が貧しい中で貧しい暮らしをするのと、豊かな暮らしをイメージする国で最
小限の暮らしをするのとでは、大きな違いがあります。

児童養護施設の先生は「時限爆弾を抱えているようなものだ」と言います。いくら若者たちが夢を描き資格を取得しても、思い描いていたような職場に就職できるわけではない。デザイナーの資格を取っても郊外出身の移民が老舗ブランドで採用されるわけではないし、調理師資格を取ってもパリの高級レストランで採用されるわけではない。インスタグラムで見たような暮らしは到底、実現できない。不満が今にも爆発しそうなくらい蓄積されているのを感じると言います。

　子どもの学習の遅れや、学校での問題行動などの理由で親子に支援が開始されるときも、パリ市と近郊では大半が移民出身家庭です。「いつだって、白人が黒人を牢屋にぶち込んできたんだろ！」などと叫ぶ場面を目にしたこともあります。権利について曖昧なまま進めることはできなかった、明らかにする必要があった。そしてその緊張状態の中で福祉や教育やケアを実現しようとしているのです。

　若者たちに接する職業に就くおとなたちに認識されているのは、若者たちがリスクに巻き込まれる構造です。十分自尊心が育っていない中、自分の望んでいることがうまくいかなかったなど不安定な状況にあり、十分頼れる、話せるおとながいないと、さまざまな勧誘が「答えをくれるもの」に思えてしまう。そういった中でリスクをともなう性や依存性物質、非行への誘いと同じように、テロ組織に勧誘される若者が出ると言います。

「気に入っている頼れるおとな」という造語が使われるのですが、ソーシャルワーカーたちは、すべての子どもたちに気に入っている頼れるおとながいることを確認し、いない場合つくり出すこともしています。何かあって迷っても、そのおとなとそのテーマについて話したことがあればまた相談できるからです。特に中学校ではチューター制度をつくり、生徒が指名する専門職が追加の給料を受け取り、子どもの相談役を引き受けます。ある中学校の専門職としては、授業を週15-18時間担当したら帰宅する学科担当の教員の他に、生徒と親とのやりとりを担当する教育相談員、休み時間や放課後を担

当し、チューターを引き受けることが多い教育アシスタント、休み時間、放課後のサポートをする見守りスタッフ、校長、心理士、外部とのやりとりを担当するソーシャルワーカー、看護師、いざこざや恋愛相談を担当する仲裁専門家がいて、休み時間には路上エデュケーターも来ていました。学科担当と子どもの福祉を担当する人が分かれている点がポイントです。

● 移民特有のハンデは国内移民も経験している

　よく日本人に「フランスは移民社会だからイメージがわかないし、単一民族の日本とは違いがありすぎるのではないか」と言われます。しかし、フランスの移民出身家庭は、日本の国内移民と同じような経験をし同じような困難を乗り越えています。私が日本でソーシャルワーカーとして担当していた首都圏の市営住宅に住む家族に地元出身はおらず、集団就職で関東に来た東北出身者の方が多かったです。そこで見たのが、関東に出て成功できなかったので親族に合わせる顔がない、地元には1度ももどっておらずやりとりもない。そのような中、子どもに「おまえだけは成功してくれ」とプレッシャーをかけ、傾いた土台の上で成長せざるを得ない子どもたちの姿がありました。ですから、フランスに来て、福祉の利用者に移民出身家庭が多くても、日本とは性質が違うとは感じません。

● 権利について曖昧にできない

　日本では豊かでない暮らしは、自分の努力が足りなかったせい、親が問題だったせい、と自己責任にされています。フランスでは「私が享受するべき幸せを得るための方法を国が用意していない」「私が活躍するための手段を国が用意していない」と福祉事務所に来る人は訴えます。「制度が不十分であることで思うような成功ができていない人がいる」という認識は共有されています。「人々が最高のパフォーマンスができる舞台を用意するのが政治」という言い方もします。ソーシャルワーカーは個人を支えるだけでなく、社

会問題自体を解決するために社会に働きかけることが求められています。

　人権についての負の歴史があり、それを認識しているからこそ、市民社会、民主主義国家、福祉国家を守り維持するのは自分たちだという意識は強くあります。渡仏してすぐにビザを取得する過程でも「市民講習」が必修で、人々が助け合う社会であることを入国したての外国人に、各言語の通訳やランチまで用意して学ぶ機会が設けられていました。人権侵害がない社会を目指さなければならないし、平等が実現できるよう力を合わせなければならない。そのような意識が市民のあいだでも共有されていますし、福祉を担う専門職に至っては、緊張感ともいえるものが常にあります。福祉職は民間であっても自身の職業を「国の役割を担っている」と言い、「正しいことを実現できるよう尽力するのが使命」「目の前に困っている人がいて支える制度がなければ、憤慨し方法を探す役割」と捉えています。

子どもの語源は「話さない者」、同じ人間ではなかった

● 親が子育てをまる抱えするのはごく最近のこと

　親が子どもを育てるという習慣自体、最近のものです。フランスの都市部では1900年代以降の傾向で、それ以前は何世紀ものあいだ、田舎の乳母のところに送るほうが一般的でした。14世紀にはすでに乳母への賃金一覧もつくられていました。例えば1780年のパリで生まれた2万1000人の赤ちゃんのうち、なんと母親が育てたのは1000人だけです[3]。それゆえ「社会の子ども」「社会が育てる」という考え方が現代でも共有されています。親が乳母代を払えない場合は教会に託し、働き手を求める農家の人がもらいにくるということも「社会で育ててもらう」という言い方がされていました。逆に、乳母が自分の子どもは教会に託し、仕事のため都市に赤ちゃんを引き取りに行くこともされていました。母親たちは8人子どもを産んだり毎年子どもを産んだりもしました。子どもの死亡が多い時代でしたが、子ど

もが洗礼を受けている限りは亡くなっても天使になれるので、大きな悲劇とはされていなかったそうです。母乳の代わりにミルクを与える時代になっても、乳母は存在し続けました。

　そのような中、遠く離れた、生活状況も良いとは限らない乳母のもとで乳児死亡率が非常に高いという状況が指摘され、18世紀に国が国力として人口を増やす必要があったときに生存率だけでなく、子どもをとりまく環境の改善にも関心をもち、国が乳幼児の健康を管理する保健所の前身をつくりました。19世紀末までは特に、子どもは国の労働力でもあったため守る必要があったのです。

　その後も、市民を育てることを意識し、保育や教育を国が制度化していきました。アリエスは「価値と知識の伝達、子どもの社会化は、家族によって保証されていたのでも、監督されていたのでもなかった」「学校ができたことで親が子どもたちの勉学に興味をもち、家庭は子どもをめぐって組織されるようになる」「子どもを失っても他の子どもを産めば埋め合わせされたが、よりよく面倒をみるために子どもの数を制限するようになる」と家庭が私的なものになっていく17世紀末から18世紀の変化を描いています[4]。メイヤーはこの時代の子どもたちを「子どもたちは誰のものでもなかった、みんなの子どもだった」としています。都市が整備される過程で、1802年にできた衛生委員会は保健委員会に改称され、のちに内務省へと発展しました[5]。

●「国の子ども」という捉え方

　フランスの国歌は1792年作曲ですが、「祖国の子どもたちよ、進め！」から始まります。

　子どもの歴史にとってもフランス革命は転機の1つなのですが、「国の子ども」と呼ばれるようになっただけでなく、1793年の法律で「遺棄された子どももすべての市民と同じように助けられる権利がある」と記されます。同年の取り決めでは「国は遺棄された子どもの身体的精神的教育を保障しな

ければならない」としています。1811 年の決定では、国が成人まで扶助し状況を確認する「未成年の社会的支援」が開始され、親権者のいない子どもたちは「支援下の子ども（enfant de l'assistance）」と呼ばれました。ナポレオン政権下においても、これらの子どもたちは国に属するものとされ、国に仕えることが求められました。この流れは 20 世紀初頭まで続きます。「子どもたちは国にとって有益でなければならず、農民として、兵士として、または遠い植民地での開拓民として生きた」との記録もあります[6]。

　当時のこれら子どもたちについて当時の人々はどのように捉えていたのでしょうか。「子どもが放浪していることは社会的秩序が保たれていないことの象徴、もしくは荒廃の象徴とされた」「ブルジョワ社会は心配な子どもたちを国のプロジェクトに組み込みフランスの国力にしようとする一方で、国にとっての負債としての考え方ももっていた」とする文献があります[7]。18 世紀を生きた社会学者メルシエも「政府が庭師のように種の世話をし次の世代の世話を焼いていた」としています[8]。

●1889 年児童保護の法律制定と子ども個人の権利

　都会の親たちは、子どもたちが 5 歳 6 歳になり家にもどってきても、今度は働かせていました。児童労働も、児童保護の法律に、大きく関わっています。

　19 世紀には児童労働している 5 歳以下の子どもの死亡率が 40% であることを受け、8 歳未満の児童労働を制限する法律が 1841 年にでき、12 歳未満も 1874 年に禁止されました[9]。

　児童保護の法律は、1889 年に制定されます。最初は貧困家庭や子どもの人数が多い家庭、婚外子が施設に措置されますが、1880 年代になると不当な扱い（maltraitance）が社会的な関心を集めるようになります。道徳的に放置されている（moralement abandonné）子どもも保護するべきと考えられるようになったのです。

この風潮は『レ・ミゼラブル』（1890年）で有名なヴィクトール・ユーゴー、エミール・ゾラ、『家なき子』（1878年）のエクトール・マロ、ジュル・ルナールなど、不遇な環境を生きる子どもに注目した作品が輩出されたことからも時代状況をうかがい知ることができます。社会の子どもたちへの見方が変わったのです。

　1889年の法律で初めて、親が養育することができない場合や、非行や不当な扱いがある際に子どもを分離措置すること、場合によっては親から親権を剥奪することができると定められました。1935年の法律で親による体罰が禁止され、教育支援の実施が民間団体に委託されるようになりました。親権が絶対的ではなくなり、子ども個人としての権利が認められたのです。

　児童保護の法律によって「父権」が絶対ではなくなり「国がすべての子どもの父」となったと言われています。日本では児童保護の法律があっても「国が子どもの父」という理解にはならないのですが、フランスは歴史的に長いあいだ、国が子どもの誕生と成長に関与してきたという背景があったことによります。

　つまり、子どもを大切にするという背景には、国の人口増の必要性と、児童労働させていた習慣があり、必ずしも「子どもを大切にするために生まれた制度」というわけではありませんでした。

● 子どもの権利を守るための子育てにおける専門職と親の協働

　乳母は時代を経てどのような保育の形に変遷したでしょう。保健省の大臣を務め、シモーヌ・ヴェイユ（1927-2017年）が保育アシスタント（assistante maternelle）として国家資格化し、また利用においても両親の所得をもとに計算し誰もが保育を利用できるようにしました。現在は生後2か月半から両親の所得の1割で利用することができます。2017年の国の統計で保育を受けている子どもの69%は保育アシスタントが自宅で2-3人の子どもを預かる形態であり、保育園を利用する子ども30%より多いです[10]。

保育の利用にあたり「仕事をしていなければならない」などといった条件もなく、私は大学院生だったので、優先的に好きな形態の保育を選べると区役所で言われました。1度区役所に希望を伝えに行きましたが、申請や登録は、妊娠届を医者が書いたときに自動で家族手当基金（「家族手当金庫」の訳と同一）に情報がいっているので、改めて手続きは必要ありません。3歳から無料の義務教育ですが、2歳から入学できるようになっています。つまり「幼いうちは母が子どもをみることが望ましい」という価値観ではなく、「幼児教育は積極的な意味がある」という考えです。ちなみに父権を親権に書き換え、父と母を法律上平等にしたのもシモーヌ・ヴェイユでした。

　現在、妊娠中から子どもの育ちについては専門職が「子どもの権利が行き届いていることを保障する」役割を担い、子どもに関わるすべての機関に配置されています。「親の子どもである以前に、国の子どもである」という批判もあります。親に子育ての全責任を負わせるのではなく、複数で育てるという言い方がされることが多いです。親との協働が専門職の腕の見せどころです。「専門職がいることでより良い子育てができた」と親に感じてもらう必要があるからです。

権利が行き届いていることを確認する政策

　社会の中でどのように子どもが存在してきたのかについて、みてきました。一人ひとりの子どもを国の将来として国が個人に関わってきたことがわかりました。子どもは自分の権利を守ることはできません。現在、産科から3歳の義務教育まで、切れ目なく専門職の目が届く体制が敷かれ、義務教育もすべての子どもの教育とケアと福祉が保障される期間として専門職には認識されています。

　戦後は日本のように「浮浪児」が問題になったようですが、例えば1935年に「『浮浪児』は何よりもまず、不幸な子どもである」と捉え直され、刑

法ではなく市民法によって「市民化」へと向かわせる必要があると、罰する代わりに保護の対象にしました。そのような流れの中で、家庭内での在宅支援も制度化されます。学校に行かず職業訓練にもついていない子どもは「家庭内バガボンド」として市民法に、「精神的危険にさらされている子ども」の項目を加え保護の対象とします。今でいう不登校やニートです。フランスでは現在不登校についての対応は月2日の医師の診断のない休みからと、とても早いです。国による子どもの育ちに関する強い関心があってのことで、メイヤーは「国を統治するにあたって子どもを対象としている」と書いています[11]。不登校の子どもをつくらずすべての子どもにケアと教育と福祉が行き届くようにするという理念の背景には、統治と未来に対する国の野心があります。

　習い事がない子ども、バカンスに出かける予定がない子どもがいないか、ソーシャルワーカーたちは全員の状況を確認し、バカンス前にはパンフレットをたくさん集めて子どもと家族に提案しています。それは「文化とバカンスについての権利が行き届くことを確かにするため」と説明され、実際にその法律もあるのですが、戦後の「浮浪児」対策ですべての子どもにアクティビティを提案していた頃からの流れなのです。余暇という私的なはずの時間でさえ、ケアと福祉と教育の一環として管理しようとしています。ドンズロはこの流れを「国が家族の警察である」と表現しています[12]。しかし、一方で、このような政策でない場合、家族に子どもの責任を押し付け、子どもが18歳までケアと教育と福祉が不足している状態で育つリスクもあるわけです。それに比べると、福祉国家に近い姿勢、結果を意識した政策であるということができます。

　日本とフランスでは、教育や福祉について省庁が掲げている理念や、制度として用意されているものはだいたい同じなのですが、人々の暮らしへの届き方が違います。日本では「危険がない限り家族に任せる」と考えるのに対し、フランスでは、「権利が行き届いていることを確認する」と考える、制

度を実践するにあたっての違いがあります。

　日本で講演をする際に、フランスの福祉が個人の日常生活の中にあり、家庭内にも入ることを話すと「日本は文化が違う。恥の意識、遠慮、福祉についてのマイナスのイメージがあるので、フランスの福祉は日本にはなじまない」と言われます。しかし、背景も含め見てみると、フランスは「国民一人ひとりが国の未来を担う」という意識が強く、日本は「成功する人が日本を支えてくれれば良いが、あとは国の役割は最小限にしたい」という姿勢であるように対比されます。恥の文化やマイナスのイメージも福祉が最小限だからこそ、人々がそう感じるようになると言えます。

権利について子どもと話すための日本語がない

　子どもが自分の「権利」について知るために、子どもと話すためのツールを作りました（次ページ）。フランスでは専門職や親たちに人気で、幼稚園で子どもたちに配られ、児童相談所の待合室に貼られ、小児病院でも子どもたちと話すときに使っていると連絡をもらいました。フランス語と英語版は子どもたちと毎日話すときの言葉でスルスルと一晩で書けました。しかし、日本語版をつくるのがこんなに難しいとは思いもよらなかったことでした。権利という言葉についても中学2年生も「習ったことがないからよくわからない」と言うそうで、たびたび「～できる」に書き換えるように言われました。しかし、権利は、生まれながらに空気のようにあるものとして理解されなければなりません。おとなの顔色によって選ぶのではなく、どんなときもいつでも権利はあるのです。

　フランスの幼稚園のクラスで子どもたちと読むと、4歳の子どもが「いつもおばあちゃんのおうちに行きたくないって僕が言って、ママとけんかになるんだけど、それは、おばあちゃんはいっぱいご飯をついで全部食べなさいって怒るから、次はおばあちゃんに怒られたくないから、『ご飯いっぱい

こどもはみんな たいせつにされなければなりません
すべてのこどもは あんぜんに まもられなければなりません。
すべてのこどもは あそび、やすみ、ゆっくりする けんりがあります。
すべてのこどもは じぶんの いけんをいう けんりがあり、
おとなは それをきかなければ なりません。

おとなも まちがえたり うまくできないことが あります。
たいせつなあなたを もっとたいせつにできるように
おとなは てつだってもらうことが ひつようかもしれません。
いちばんだいじなのは、こどもが あんしんして そだつことです。

こんなときは たよれる おとなにはなそう

きずつくようなこと かなしくなるようなことをいう

はなしや いけんを きかない

あなたの していることが ダメだという

むりやり なにかを させる

たたいたり いたくする

おうちのひとのかわりに しごとやかぞくのおせわを こどもにさせる

ひとりぼっち にする

からだを さわったり おとなのからだを さわったりみるように いう

たべさせなかったり おふろにいれなかったり きせつにあう あらった ようふくを よういしない

おとなに はなそう

すきなおとなや こわいきもちに ならないひとに はなそう。せんせい、おじさん、おばさん きんじょのひと など。
もし そのひとが しんじなかったり なにもしなかったら ほかのひとに はなそう。
こどもに つらいおもいをさせる ひとを そのままにしない。
まずはこどもが あんしんして すごせること。がまんをすると こころやからだが びょうきになったり することが わかっています。
なにかができる ひとにあうまで はなしつづけよう。

きづこう、しろう

きづいて こうどうできたら かえていける。
わからないことは しらべよう。ただしくないと おもうことには おとうさん おかあさん せんせいにも 「いやだ」 と いうけんりが ある。
ただしいと おもうことについて ともだちを たすけよう。

じぶんをだいじにしよう

じぶんの こころとからだは じぶんのもの。
じぶんの ことを いちばんに おせわしよう。
じぶんの していることに じしんをもって こどものじかんを たのしもう
あなたは ちきゅうにうまれた こども。ほしと おなじように あなたは たいせつにされて あんしんしてくらす ことができる。

けんりとは うまれたときから みんながもっているものです。おとなも こどもも ひとりひとりのたいせつさは おなじです。
けれど、おとなのほうが おおきく つよいので こどものための やくそくを せかいできめました。
こどものけんりじょうやくは こどもが みんなだいじにされ、あんしんしてくらせるために おおくのくにが あつまって きめた や
くそくです。にほんの ほうりつよりも ゆうせんされます。
ほうりつができても このないようを しらないことがあります。こどもはじぶんのけんりを しっていることがだいじです。

つがないでちょうだい』って、言えばいいと思う？」と話してくれたりしました。人間関係で同じことで何度も嫌な思いをしていることがよくあります。子どもが意見を言えないまま、「悪い子」扱いされることもあります。少しのコミュニケーションで解決することが多いので、いつも起きていることについて考え、話し、意見をもらい、問題が起きる相手とも話し合えることは、とても大事な機会です。ここでも「気に入っている頼れるおとな」が大事になるので、相談できるおとなをすべての子どもが見つけているか専門職はチェックし、特に気になる子どもについては誰か見つけようとします。福祉の専門職が複数、学校にもいるので、誰か1人話せる人が見つかれば良いと考えられています。

子どもは自分の人生に責任がある

　私は大学時代に、日本とスイスの児童保護施設を見てまわっていたのですが、おとなと子どもの関係が大きく違うと感じていました。日本の施設では男性職員が家庭の父親のように威張っていることがありました。女性職員には、女性は何をしているときも手先を動かしていないといけないと、バザーに出す手芸を会議中も常にさせられ、実習に耐えられず、脱走しそうになった場所もありました。スイスの少年院では、子どもが到着したらまず、院長が自分のこれまでの人生の話、なぜここで働くことを決めて何をしたいと思っているのか話し、「まずはここの暮らしが気に入るといいのだけど。また君の話も聞かせてね」と言っていたのが印象的でした。

　どこでこの違いが生まれたのだろう？と疑問に思っていました。

　ずっと以前から子どもが尊重されていたわけではないそうです。パリ市の児童保護部門の40代の管理職は、自身の子ども時代に祖父の家には子どもを叩くための鞭が壁にかかっていたと言います。現代であれば家庭訪問の際にそのようなものが目に入ったらたいへんな問題になりますが、叩かれたこ

とはなかったにしても、そう遠くない昔にそのような光景がまだあったそうです。50代の管理職も、30年前、里親宅を訪問した中で、農家が里子に学校に行く前に早朝から牛を追わせる光景を見たことがあったと言います。今であれば、子どもに他の子どもの面倒を見させる、親の代わりの仕事をさせることは、「現代の奴隷」とさえ言われ児童保護の対象になるのですが、30年前には保護した子どもに労働をさせるシーンさえあり、子どもが脱走したり不平を言わない限り、そのままになっている部分があったそうです。

　どのようにして子どもの権利を守る方向に前進させることができたのでしょうか。1つは専門職たちが、自分たちが福祉を実現するのだと声をあげてきたこと。「それは容認できないことです！」とたたかっている姿をよく目にします。そして、子どもたち自身が子どもの権利を守るため声をあげてきた中で徐々に改善してきた経緯があります。

●児童精神科医フランソワーズ・ドルトの与えた影響

　大きな影響を与えた人物としていつも名前があがるのが、精神分析家のフランソワーズ・ドルト（1908-1988年）です。ドルトは戦間期の小児精神病院に次々と運ばれてくる赤ちゃんたちがミルクも飲まず亡くなる中で、赤ちゃんにお母さんのこと、自分たちのことを説明し、お母さんが身につけていたものを取りに行かせて赤ちゃんに与え、赤ちゃんが理解し納得したらミルクを飲み生き延びることを証明しました。

　子どもの教育に関するラジオ番組に毎週出るようになると、商店は軒並みシャッターを閉め、タクシーはお客を乗せず、皆がラジオに聴き入っていたと、年輩の専門職たちは言います。それくらい、皆親として子育てには悩みがある、悩んで当然で難しいことなんだ、子育てについて相談できることが大事、専門職はこんなにも知識をもっているということが世の中に広く知られる機会になったそうです。

　ドルトの残した思想として特に現場に影響を与えたのは「どんなに小さく

ても子どもの意思を尊重する」「子どもは説明すれば理解できる」「子どもは自分の人生に責任がある」ということだと専門職たちは口にします。「子どもはおとなとまったく平等な存在である。子どもには真実を話すこと。子どもは直感として真実を知っている」。隠し事をしても、子どもは秘密にされていることを知っている。事実と違った説明をされると子どもにはわかるので、居心地の悪さや不信感につながるのです（p.132 コラム 3 参照）。

　現在、裁判には0歳児も呼ばれ、裁判官は赤ちゃんに直接話します。どんなに小さくても年齢に応じた言葉で、裁判や支援機関は決定の理由を説明し子どもに直接話します。

　30年前は、新生児にも一から説明することは一般的ではなかったそうです。専門職たちは、現場での知識を社会全体に広める役割も担っているのです。またその延長で、親子の関係性についても「子どもは親の所有物ではない。親は子どもの教育の第1のキーパーソンとして専門家のサポートを得ながら『養親』として取り組む」と、言われるようになりました。

　子どもをひとりの人間として扱い、子どもに関する情報を伝え、子どもがどのように感じているか、子どもの意見を聞きその内容を受けとめること（prendre en compte）はとても驚いたことの1つでした。また同時に、自分の幼少期をふり返っても、接した日本の子どもたちの経験をふり返っても、違和感があり理不尽な思いをしていたことの原因は、「子どもを意思ある人間として尊重する」ということが不足していたからであろうと納得しました。

●過ちを反省し、専門職は知識を世の中に広める

　フランスにおいても自然に人権意識の進化が果たされたわけではなく、至らなさを過ちの指摘、改善を重ねた結果が今の福祉です。例えば、 ジャブロンカ（フランスの歴史家・作家）はレユニオン島からフランス本土に運ばれてきて、農村に兄弟も離ればなれに里子に出された子どもたちについて本

を出しています。フランスの海外領であるレユニオン島から社会的養護の子どもたちを本土に労働力として連れて来て農村に養子縁組に出すという取り組みを国が主導で1982年まで行い、その1600人の子どもたちの多くが精神疾患に苦しみ、差別や失業を経験し国に提訴したという経緯がありました[13]。Déraciner（デラシネ）という言葉が使われますが、根っこを奪うという意味です。今でこそ、子どもたちには理由を説明し、出自や自分の歴史を知ることを保障する、なるべく自分の育った環境で暮らせるようにするということが自明の正義のように語られていますが、わずか40年前まで国が主導で違った政策が行われていたのです。

権利が守られる仕組みをつくる

1　理念が実践されることを監督する部署をつくる

　フランスは法律をつくるときに、誰がそれをどのように実行するのかということまでセットで用意するようにしています。そのようにして、法律が全国で同じように徹底されることを保障しようという政策です。

　例えば、子どもの権利条約については「人権擁護機関（Défenseur des droits）」の中の1サービスとして「子ども擁護機関（Défenseur des enfants）」を置き、フランス国内で条約の内容が徹底されていることを監視することを任務としています。司法から独立した、どこの機関の指示も受けません。ヨーロッパ内でも国で権利擁護（アドボケイト）機関を設けているのはフランスのみです。2000年に設立されましたが、子ども自身からの訴えが11％であることも他国に比べて高いそうです。本部では250人の司法家（法学修士取得者）が働いており「子どもの権利を知らないこと自体が暴力である」と定めています。地域圏ごとにも責任者を置き、訴えについての調査、子どもの権利に関する報告書のとりまとめ、権利教育（Educadroit, JADE）の運営を担っています。

2　誰が何を根拠に決定するか、福祉の目的を明確にする

　フランスで子どもが保護される場合、95％が子ども専門裁判官の判断を経ています。パリ市では子どもは裁判の最初に裁判官と1対1で15分ほど話し、保護の判断が出ても半年か1年で裁判をやり直し状況の変化を確認します。状況が変化したときや子どもや親や関係者が望む場合は途中で裁判のやり直しを求めることもできます。このように決定する過程が明確なので、支援者は攻撃の対象となることなく支援に徹することができます。子どもが性被害にあったときなどは弁護士もつく手続きがされます。

3　子どもを守るのはおとなの役割、予防は専門職の育成から

　2007年に児童保護の大きな法改正がありました。虐待に近い「悪い扱い」という言葉が削除され、「心配」が基準になりました。背景として、2005年に起きた未成年への性被害事件がありました。複数人被害者が出たのに、未成年に接しているおとなは気づくことができなかった。セーヌ・サン・ドニ県の子ども専門裁判官や県の児童保護の責任者が全国の同業者に声をかけ、100名集まり自分たちで検討会を開き、予防を中心とした新しい制度のあり方を国に提案しました。予防は専門職が十分訓練されることです。問題が起きないよう防ぐ、起きたら子どもの出すサインからおとなが気づけるようにする。現在の児童保護の体制が構築されました（**図表3参照**）。

　子どもに接する職業につくおとなはスポーツのインストラクターや警察もすべて児童保護に関する継続研修を受ける義務があります。子どもは自分の権利を自分で守ることができないので、子どもの不調のサインに気づくことはおとなの役割であるとされています。そして、すべての市民が、心配な状況にある人がいたら連絡する義務があり、連絡をしない場合は罰則があります。ですから、不登校の子どもに会えず状況が確認できていない、家出した子どもを見かけたなどの状況を放置できないので、すべてのおとなに見守られ、子どもたちは暮らしていると言うこともできます。

図表3◆「子どもSOS」とインターネット検索したときに表示される情報の日仏比較

| 日本 | 根拠法：児童虐待の防止等に関する法律 |

虐待対応ダイヤル189番

■ **児童虐待の定義**：以下のように4種類に分類されます。

身体的虐待	殴る、蹴る、叩く、投げ落とす、激しく揺さぶる、やけどを負わせる、溺れさせる、首を絞める、縄などにより一室に拘束する　など
性的虐待	子どもへの性的行為、性的行為を見せる、性器を触る又は触らせる、ポルノグラフィの被写体にする　など
ネグレクト	家に閉じ込める、食事を与えない、ひどく不潔にする、自動車の中に放置する、重い病気になっても病院に連れて行かない　など
心理的虐待	言葉による脅し、無視、きょうだい間での差別的扱い、子どもの目の前で家族に対して暴力をふるう（ドメスティック・バイオレンス：DV）、きょうだいに虐待行為を行う　など

厚生労働省ホームページより
筆者作成

> 出来事＝確認が難しい
> 犯罪に近い→連絡を躊躇し支援される子どもの範囲が狭くなる

| フランス | 根拠法：市民法375条「子どもの健康、安全、精神面が危険やリスクにさらされているか、子どもの教育的、身体的、情緒的、知的、社会的発達状況が危険やリスクにさらされている場合」 |

虐待が起きてからでは遅いという認識から、不調の早期ケアを目指している。
2007年に児童保護の基準を虐待ではなく「心配」に置き換え、「予防」を中心に据えている。
学校からの連絡が9割。

すべての人が心配な状況を見聞きしたら連絡する義務がある。連絡しない場合、罰則規定がある。

■ 以下の事項が複合的に存在する場合は特に、「心配な情報伝達が必要な状況」である（パリ市）。

- ・ 身体的痕跡（打ち身、やけど、骨折、リストカット跡）
- ・ 健康問題：何度も病気になる、疲れ、顔色の悪さ
- ・ 学習困難（欠席が多い、やる気のなさ、学習の遅れ）
- ・ 特定の状況を避けたりスポーツに参加しなかったりする
- ・ 身体的知的成長の中断
- ・ 肥満、やせ
- ・ 不完全な衛生状態
- ・ 暴力もしくは攻撃性
- ・ 言葉少ない、反応が少ない、内気
- ・ 誰にでも愛情を求めようとする
- ・ 度重なる脱走、家出
- ・ 理由のない不安感、自信のなさ
- ・ リスク行動（家出、中毒性のある物質の接種）
- ・ 食の問題（食欲不振、拒食、大食、嘔吐）
- ・ 夜尿、おもらし
- ・ 家庭での度重なる事故や怪我
- ・ 年齢にそぐわない性的な言動

パリ市ホームページより
筆者作成

> 症状、他者から観察できること＝自分の感覚でよい
> 範囲が広い→予防として支援を開始できる

4　世の中に知識を共有し社会を変革することが求められている

　例えば、子ども専門裁判官はテレビに出て「子どもを保護するにあたり、施設など受け入れ機関の環境が良くないと保護が子どもにとっていいという判断ができない、けれど県に是正を求める文書を送ってもまだ改善されていない」ということを主張したりします。福祉事務所や児童相談所の職員など公務員もテレビに出て現場の状況や不足を訴えることができるので、何が問題なのか、何が必要なのか市民にも問題意識が共有されます。

5　裁判所はなぜこの事件が起きるに至ったか制度の不足も追及する

　フランスは未成年の被害者がいる場合、誰も被害届を出さなくても警察の未成年保護班が子ども専門裁判所の検察に連絡し、検察が指揮を取る形で未成年保護班が調査を行います。虐待事件などがあると、親が有罪になるだけではなく、なぜこの事件を防ぐことができなかったのか——制度の不足まで調査し指摘します。また、県内で骨折、火傷、揺さぶられっこなどそれぞれの症状についてどの病院が担当するか決めており、少しでも気になる内容はその病院で精密検査することになっています。開業医など虐待専門でない医師が虐待を見落とすことを防ごうとしています。そして、パリ市と近郊では病院に「児童保護移動班」を設け、医療従事者が連絡をすると詳細に親子へのヒアリングや関係機関とのやりとりをして、危険やリスクの確認から地域支援への引き継ぎまでを担います。

6　未成年であっても自分の行為の責任は自分に帰属する

　保育園や幼稚園、学童保育の手続きのときには、子どもの名前の損害保険の書類を提出する必要があります。赤ちゃんであっても、誰かにけがをさせたり、何かを壊したらその赤ちゃんの責任ということです。

　例えば、未成年の兄が妹に性加害をしたら、有罪になった未成年の兄は即時国に借金をする形で国が妹への慰謝料を支払います。妹が成人するまで児

童相談所が預かり、成人時に妹の口座に支払われます。兄は借金を抱え職業人生をスタートさせることになります。いじめや虐待についても、被害者の被害が償われ、加害者は年齢にかかわらず責任を取らされる仕組みになっています。このように、法整備が現実に即しきめ細かく行き届いているのは、法案をつくるのに裁判官が関わることや、司法家が携わることも大きな要因といえるでしょう。

日本ではいじめがあっても「教育的配慮」として学校がおさめようとする傾向があります。加害者は守られますが、加害行為であるという認識が薄くなる危険性があります。

7　すべての決定過程への当事者参加

国の政策として近年重視されているのは、すべての決定過程に当事者が参加するということです。2002年から施設の運営会議でも子どもと親が参加することが義務づけられ、県議会や国会でも当事者抜きに物事を決めてはいけないという仕組みになりました。パリ市が2022年に出した児童保護計画も、子どもたちと親たちが最初から最後まで計画策定に関わりました。権利を守るためにも現実に合った対応ができるためにも、当事者参加は重視されています。

8　海外での現場実習や欧州人権裁判所の調査

次に、フランスについては欧州の中の一国であるという事情も追記しておきます。まず専門職の養成課程にて1つの実習は外国ですることが推奨されており、その期間の生活費は国から出るので、例えば児童保護の現場ではチーム内にベルギーやスイスやカナダで実習を経験してきた人がおり、また外国からの実習生がいることもあります。気軽に行き来ができるので、旅行をするように海外の現場を見に行き、もどってから改善を提案することが日常的にあります。

そして、虐待事件について欧州人権裁判所に訴えがあることがたびたびあります。子ども自身のことも、児童保護団体が訴えることもあります。欧州人権裁判所がフランスに調査報告を求め、制度の不足を指摘するということがあります。

相手の代わりに望まない

●個別性と歴史の尊重
　私には、フランスのワーカーたちの言葉でとても心に響いたものがあります。それは「相手の代わりに望まない」ということです。「相手の心配事が何か想像する」ことはとても大事なことでも、相手の代わりに望まない。「私だったらこうしてたと思う」と相手の歴史といった個別性を無視して、自分の価値観を押し付ける場面を見たことがないでしょうか。就労を促す、信用できないパートナーと別れたら状況が改善するんじゃないかと提案する。自分のこれまでの人生と価値観があって、自分のその価値観で相手を捉え相手に不足していると感じることを指摘したり、どうしたら相手の人生が良くなるかと言及することです。無意識に行われている、失礼で相手の人生と自我を無視する行為です。権利を侵害するおとなにならないために学ぶ機会があってよかったと、この言葉を聞いたときに思いました。

●相手が望んでいることを聞く
　ホームレスにどのように接するかの研修を定期的にパリ市が市民を招き開催し、いくつかの民間団体とアルバイト代を支払われているホームレスが講師で話します。うつ状態であるように感じる、アルコールの問題がありそうだから専用施設を提案しよう、歯が痛そうだから聞いてみよう、あまりにも違う環境にいると心配してしまうものです。けれど、相手を尊重することは相手が望むことが何であるか聞くこと。基本的なことを思い出す機会が提供

されているのはありがたいことです。

　パリ市のエデュケーター専門学校のシラバスには、学ぶ内容として以下のように書いてあります。相手の代わりに望む過ちを防ぐ訓練を受けます。「エデュケーターは自身の価値観、物事に対して抱いているイメージ、習得してきたステレオタイプ、習得している知識と十分習得していない知識に自覚的であり明確に認識している必要がある。教育的関係、何を相手に伝えるかに影響するからである。エデュケーター自身の『あり方』は自覚的で他者にも透明性をもって伝えられ、話し合えなければならない。自分がしている行動や伝える言葉の根拠や背景や哲学が何であるか常に自覚できること。自身の立場を分析する習慣をつけるために、自分のとった行動や使った言葉をグループで分析する機会を多く持つ」

　フランスがさまざまな角度から子どもの権利が守られる仕組みをつくろうと努力してきた過程を見てきました。子どもと接する専門職たちが代々引き継いできたたたかいと言うことができるのではないでしょうか。相手の心配ごとを想像しながら、がんばりを強要せずに相手の言葉を聞き、望みがかなうまでともに取り組み、現場で知り得た知識を世の中に広め、過ちを反省し、福祉に不足がある仕組みを糾弾し、自分たちで改革のあり方を国に提案し、裁判官も声をあげ、制度の不足を指摘し、当事者とともに政策を考える。

　ひるがえせば、人間たちが諦めることなく対峙し続けてきて、妥協することなく子どもにとっての福祉が守られるようにしようとする姿勢が築いてきたのが現在のあり方です。

　私は希望を感じています。「5年後の日本」ではなく、きょうも私たちにできることがあるのです。

■ 注

1　浜忠雄、2019「フランスにおける『黒人奴隷制廃止』の表象」北海学園大学人文論文集 (66)、pp.1-47

2　https://dares.travail-emploi.gouv.fr/publication/discrimination-lembauche-des-personnes-dorigine-supposee-maghrebine-quels-enseignements

3　Emmanuelle ROMANET, 2013, « La mise en nourrice, une pratique répandue en France au XIXe siècle », *Transtext(e)s Transcultures*.

4　フィリップ・アリエス、杉山光信・杉山恵美子訳、1980『〈子供〉の誕生──アンシァン・レジーム期の子供と家族生活』みすず書房

5　Meyer Philippe, 1977, *L'enfant et la raison d'Etat*, Seuil.

6　GUIDETTI Michèle, LALLEMAND Suzanne, MOREL Marie-France, *Enfances d'ailleurs, d'hier et d'aujourd'hui*, Curcus, Armand colin, 2004.

7　DE LUCA BARRUSSE Virginie, « Vicieux mais utiles, les enfants abandonnés au XIXe siècle. Déclinaison d'un modèle de l'enfant d'Etat » *Modèles d'enfances : successions, transformations, croisements*, Archives contemporaines, 2012.

8　メルシエ著、原宏編訳、1989『十八世紀パリ生活誌──タブロー・ド・パリ上・下』岩波文庫

9　GUIDETTI Michèle, LALLEMAND Suzanne, MOREL Marie-France 同上

10　Drees, Ministère des solidarités et de la santé, 2017, *Etudes et Résultats*, no.1030.

11　Meyer Philippe 同注 5

12　Donzelot Jacques, 1977, *La police des familles*, Les éditions de minuit.

13　JABLONKA Ivan, 2007, *Enfants en Exil, Transfert de pupilles réunionnais en métropole (1963-1982)*, Seuil.

■ 参考文献

安發明子「フランスの児童福祉の特徴・価値とその背景」『対人援助学マガジン』第 43 号、2020 年 12 月

生活保障

出産は無料、
子どもには望む教育を
受けさせることができる。

安心な暮らしの土台がある

● 連帯は安心な暮らしから

　私は施設で暮らす子どものことや、生活保護で出会った人たちのことに関心をもってきたのですが、例えば大学時代の友人たち、社会人になってからも企業勤めをしている友人たちと必ずしもこの話題で盛り上がれるわけではありませんでした。特に「みんなでもっとこの世の中を良くしていきたいよね！」と語り合えるわけではない、連帯しあえずあちこちで断絶を感じています。その背景に生活に対する不確かさがあると思います。自分と家族を守ることに既に神経を使っている状況があるのではないかと思うのです。その背景に社会保障の頼りなさがある。

　フランスには学資保険も老後の蓄えもありません。学費はほぼ無料、65歳以上は、それまで年金を納めていなくても基礎年金を月14万3200円（961ユーロ）受け取れるからです。日本に比べ「いざというときの蓄え」をしません。がんなど継続的な治療が必要な病気になると治療費は無料になりますし、フルタイムで働けなくなると傷病手当の対象になります。小売店でアルバイトをすると、人々があまり貯金をしていないことがよくわかりま

◀とびらに寄せて
　パリ市のある福祉事務所のソーシャルワーカーたち。
　自分が希望しない限り異動がないため、チームとしての一体感は強く、地域のリソースも知り尽くしている。それぞれが強みを伸ばし、助け合うため、コミュニケーションの多い職場環境。
　20年同じ地区を担当している職員は、いっしょに歩くと、たくさんの人が話しかけてくる。

す。給料日後の 2 週間、給料日前の 1 週間の人々の購買行動の違いは顕著です。一方で、貯金をしない文化だと寄付を募っても「今あるからいいよ！」と気軽です。かつ現金寄付は所得税控除の対象になります。

「自分は何があっても、少なくとも経済的には安心して暮らしていくことができるだろう」そういった感覚があるのとないのとではどれだけ違うことでしょう。

　ちなみに物価は日本のほうがやや高く、フランスは生活保護費も最低賃金も平均賃金も日本の約 1.5 倍です[1]。私は 12 年前、2011 年から日仏通訳、コーディネーターとして両国間のやりとりを仲介しているのですが、例えば日本の大学のフランス人に払える謝礼はここ 12 年変わっていません。日仏の暮らしの差は開く一方であると感じています。裏を返せば、日本で暮らしが少しずつ厳しくなってきている人たちがいるのではないかと思います。

● 暮らしが尊重されているということ

　私は日本で生活保護のワーカーをしていました。大きな病気、障害、高齢の方が人生の最後まで生活保護で暮らすという扱いには反対です。フランスでは生活保護にこれらの人たちは含みません。64 歳で生活保護が終わるのは、65 歳からは最低基礎年金（ASPA）が、それまで年金を支払っていなくても受け取れるからです。がん治療中でこれまでのようには働けない、うつ病なども日本の傷病手当のような手当の対象になるので生活保護の対象ではありません。生活保護で人生を終えることがない、最低の生活費を高齢者に強いないということは、尊厳を最低限守ることができるものではないでしょうか。

　日本で障害のある人の雇用について、1 か月フルタイムで働いて工賃が6000 円という人がいました。交通費や昼食代の方がかかるわけです。生活保護を受けている障害のある方の中に働く方と働かない方がいましたが、自分の時間を誰かのために使うことについては障害のない人と同じわけです。

尊重されていないと感じました。日本では障害のある方の雇用について就労継続支援A型は月収平均約8万円、B型は平均約1万6000円とされています。

　フランスでは障害のある方専用の、日本の作業所のような就労の場で最低賃金の55-110%なので、20万6067円が最低賃金手取額であることから11万3336円から22万6673円ということになります。公的機関は障害の方の雇用が多いですが、企業も6%障害のある人を雇うことになっていて、障害のない人と給料の差別をしてはならず、賃金は当然最低賃金を割ってはいけません。

●「美しい高齢期の暮らしがしたい」
　例えば65歳以上の相対的貧困率は日本が19.6％に対し、フランスはOECDで一番低く3.6％（2020年）[2]、65歳以上の男性の就労率は日本が33％であるのに対しフランスは3％です（2020年）[3]。フランスの調査先では民間でも公的機関でも定年退職は62歳。働き始めた年齢から計算するので、60歳を迎える前に年金の受給が開始するため退職する人もいます。50代後半にもなると退職後の生活についてたびたび話題に出ます。例えば年5週間のバカンスのたびに住み心地の良さそうな場所に長期滞在して、気に入ったところが見つかったら家を買う。その後はバカンスのたびに内装工事をしてインテリアをそろえ、退職後の準備をするという話を聞きます。私がおもしろいと感じるのが、パリ市内であっても退職後は広い家に越す人が多いことです。なぜか聞くと「働いていた頃に比べ家で過ごす時間が多くなるからこそ、広いほうが同じところをぐるぐるしないで済むし、お友だちや孫たちが気軽に泊まりに来られるほうが楽しいから」という理由だそうです。高齢の親と穏やかな時間を過ごすために、少し早く退職する人もいます。

　フランスの65歳以上の年金生活者の平均月収は、21万7400円（1459net）です。3人以上子育てをした人は増額されます[4]。比較のため、

ごみ収集のストで生まれたゴミの山は「抵抗アート」と呼ばれた

2023年、年金制度改革に反対するデモが2週間続いていた。「私たちは美しい老後の人生を望んでいる」などと書いたプラカードを持った人々が高校生大学生から高齢者まで一丸となって行進している

稼働年齢層の平均月収が38万8000円です（2587ユーロ手取り）。公共交通機関の平均退職年齢は56歳、電気ガス産業関係者で58歳と産業によっても違いがあります。定年退職の平均年齢は62.4歳で、2020年の年金生活者は1680万人。1940年生まれの人は退職と同時にそれまでの収入の80％を年金として受け取りますが、2000年生まれは62-68％になることが危惧されています[5]。2017年に50歳から65歳の人は合計6660万円（44万7000ユーロ）年金を受け取る計算になるそうです。ちなみに定年を迎えるとき平均4217万円資産を保有していると計算されています[6]。

　現在、年金改革に反対するデモが行われていて、若い学生も、お年寄りもいっしょに行進していますが、自分たちで暮らしを守る、フランスが誰もが尊厳を守られた国であってほしいという意識を感じます。

● **断絶の中で生まれるのは孤立**
　私がなぜここまで子どもたちや生活保護家庭との出会いを引きずって生き

ているか。それは「孤立」に出会った衝撃であるように感じています。日本でのワーカー時代、生活保護を受けている人に家族との関係が断絶している人がたくさんいました。入院することになっても「入院することになった」と知らせる相手がいない、入院しても「きょうはきのうより調子がいい」「いい検査結果だったよ」と知らせる相手がいない。毎日電話してくる人が何人もいて、なるべく頻繁にお見舞いに行っても、電話がないと思った日に亡くなっていたりする。誰にもみとられたり、亡くなる前に「ありがとう」と言い合ったりする機会もないまま。自分の誕生日に会いに来る人もいました。「安發さんなら、笑顔でおめでとうございますって言ってくれると思ったから」と言っていました。長年障害と病気をもっていたり、精神疾患でコミュニケーションが難しかったり、アルコール依存症だったり、誰でもなりうるものなのに、なぜひとりぼっちになるのか。

　断絶を招いているのが制度であることが悔しかった。相互扶助の原則ではなく個人が支えられる制度、関係性の維持や再構築のソーシャルワークがあればつながりが保てたかもしれないのに。「福祉に頼りたくない」のは、文化や国民性ではなく、そういう意識を育む制度設計になっているからです。入院したり命に関わる状況になったりしたときに、親族を探し出し連絡すると、長年の恨みつらみを何時間もまくしたてる親族がたびたびいました。きょうだいから、親が家を売りお金を貸したのに返してこなかった、そのうえ親が危篤のときも見舞いにも来なかった…けれど、ひとりぼっちで亡くなったあと遺品の相談の電話をすると「子どもの頃は仲がよかったのに」と号泣したりしていました。オレオレ詐欺も、相互扶助の原則ではなく「ソーシャルワークに相談」の原則の制度設計にしていたら起きていなかったのではないでしょうか。フランスの警察に聞くと「家族何人か電話で相談すればいいじゃないか」と言います。けれど、日本はお金の相談を身内にも専門職にもできない社会をつくってきたのです。

　生活保障はお金だけではない、人のつながり、大切な人と良い関係が継続

できること。それがすべての人に届くようであってほしいし、すべての人が近親者だけでなく社会の構成員全員のしあわせを願うようであってほしい。そのためにはやはり、安心した暮らしが皆にあることからなのではないかと思うのです。

「子どもの貧困」はなく、貧困なのはおとなたちと制度

● 社会保障があれば貧困は子どもを直撃しない

フランスでは、無料で子どもを産み、子どもの受けたい教育を受けさせることができる。親の経済状況が子どもの育ちと学びに影響しないようにしています。

妊婦健診も出産費用も無料です。医療関係者が妊娠届を書くと、それがオンラインで健康保険、健康保険の家族部門CAF、保健所に共有されるので、こちらが何か申請や手続きをしなくても自動で以後病院にかかるのが無料になります。出産が無料であれば飛び込み出産の問題もなくなります。

週数回2-3時間ずつ来てくれる国家資格を持った社会家庭専門員の派遣は健康保険、家族手当基金、児童相談所から費用が出て、無料か数百円で利用でき、他にも、ヘルパーの利用も所得控除になり、義務付けられている相互保険からも費用が出ます。

その後保育は生後2か月半から両親の収入の1割で利用でき、仕事をしていなくても利用することができます。子どもが複数いる場合は減免制度があります。保育園、有資格者が自宅で2-3人預かる保育アシスタント、ベビーシッターからライフスタイルに合ったものが選べますし待機児童の問題も起きないようになっています。3歳から16歳の義務教育は無料、給食費や学童保育代は収入に応じて家族手当基金で計算され、制服や体操服やランドセルなど特別買う必要があるものはありません。経済的に難しい場合は学校のソーシャルワーカーが学校に着ていくジャンバーやスニーカー代を

図表 1 ◆ 妊娠中から自立まで各段階における経済支援制度（フランス）

子どもが生まれる前	婦人科検診、避妊、中絶、不妊治療(無料)
妊娠中	妊娠検査、妊婦健診、出産費用(無料)
乳幼児期	家事支援、家族支援、ソーシャルワークを担う社会家庭専門員派遣(健康保険)
	2か月半からの保育、形態は複数、保育料は両親の収入の1割。働いていなくても利用できる
義務教育3-16歳 (部活、塾、受験なし 制服や体操服なし)	学費無料、給食費・学童保育は収入に応じた費用
	習い事は無料、または収入に応じた費用のものが複数
	勉強机代、言語聴覚士など子どもの成長と教育と安全に必要な費用は児童相談所が負担
	学校に行くコートやスニーカーは必要に応じてスクールソーシャルワーカーが費用確保
	中学から収入に応じた返済不要の奨学金有り
高校、大学、専門学校、 大学院(受験なし、 高校大学ランクなし)	基本的に無料～年3万円。入学金なし 収入に応じた返済不要の奨学金有り 大学の学食は1食200円
自立	16歳から若者用職安で生活費が7万円支給され、ソーシャルワーカーが付く制度あり
	若者用マンションは月4万円程度で、ソーシャルワーカーが付く
	25歳からの生活保護は個人単位。 実家や同棲していても知られることなく受けられる

調査により筆者作成 (p.2「ライフステージをつなぐフランスの子ども家庭福祉とソーシャルワーク」参照)

手配していました。また児童相談所もフランスでは「子どもソーシャル支援（ASE L'aide sociale à l'enfance)」と言うのですが、勉強机や、言語聴覚士や作業療法士に通う費用、ギフテッドや少人数制であることが成長に好ましい場合など子どもが私立校に通う費用を出すこともあります。

● **義務教育は教育と福祉とケアが届いていることを保障する期間**

フランスでは月2日以上学校を休むと、校長は県の専門部署に連絡し、家族も含めた状況を確認して支援の提案をしなければなりません。学校に来ていないということは子どもの権利が保障されているか確実ではないからで

す。家で勉強することを選んだとしても、認可を受けたうえで国が用意した
オンライン学習システムを受けなければならず、毎年近隣の学校で全科目試
験を受けなければなりません。学校の校長先生に聞くと全科目合格するのは
非常に難しく、結局は学校に通うことになると言います。

　ですから、日本の不登校についてフランス人は「義務教育がないんだね？」
と聞くのですが、それはフランスの義務教育が「すべての子どもの教育と福
祉とケアを保障する期間」として存在するという違いがあるからです。理由
がある場合必ずしも学区の学校に通わなくていいこと、3歳から全寮制の学
校が用意されていてそれを選択する子どもがいること、個別支援の形をとる
学校や、医療やセラピーも行う教育機関などもあり、子どもに合う学校、子
どもの能力が最大限引き出される学校が見つかればいいと考えられていま
す。我慢して合わない環境に身を置くことはよしとされていませんが、社会
生活を送っていく必要があるので可能な限り社会性を学べる場での学習が選
ばれます。

●望む人は皆高等教育が受けられる

　塾や受験や高校ランク、大学ランクは基本的にはありません。放課後に学
校で宿題の手伝いや復習をみてもらうために学校は学生のアルバイトを雇い
ます。

　職業訓練校や専門学校は無料のところがたくさんあり、大学、大学院は収
入があっても学費が年間3万円ほどです。入学金の制度はありません。1年
ずつ違う学部、違う大学で学ぶこと、働いてまた続きをすることも可能です
し、EUは同じ単位制なので、海外でとった単位をフランスでカウントに入
れることもできます。

　難民や移民など滞在許可がなくても到着した日から保護され、翌日から学
校に通いフランス人の子どもと同じ権利が与えられます。「子どもから家族
みんなの福祉につながればいい」と現場のソーシャルワーカーたちは言いま

す。移民の子どもたちもフランスを担う国民のひとりになるからです。

　制度があれば、子どもの貧困は防げるのです。貧困があるとしたらおとなたちの貧困であって制度の貧困です。親ガチャではなく、実際に起きているのは国ガチャとも言えると思います。

貧困対策は女男平等から

　フランスでは貧困対策は女男平等からと考えられ、保育を含む仕事と家庭を両立させるためのサービスもその政策の一つです。現在41歳ですが、同年代の知り合いで働いていない女性は日本人や駐在帯同以外でおらず、それも専業主婦という言葉が使われないので「何もしていない」と表現されています。婚外子が日本は2%であるのに対しフランスは60%であるのも、結婚しないことが子育てにおいて不利ともリスクとも捉えられていないことを示しています。

　女性が働き続けていればパートナーと別れたとしても経済的収入はあります。かつ、家族手当基金のソーシャルワーカーは両親の離別などを把握することができるため、家族を訪問して子どもたちにも会い必要な支援が受けられているか確認し、養育費の立て替えや代わりに請求をしたり、相手の給料から天引きする手続きをしたり、面会の場所を確保して心理士などが付き添うこともしています。共同親権は、子どもにとって親が2人いることが非常に貴重な資源であると考えるからです。

　子どもの生活の安定にとっても、女性の老後の暮らしにとっても、女性が仕事と育児を両立できることは大事です。貧困対策になり、税収が増え、女性が受けた教育投資の社会への有効活用になり、雇用が増加し、高齢になったときの生活環境が改善し、少子化も防げると考えられています。

図表 2 ◆ 貧困対策は女性の就労を支えること

女性の就労	子どもの貧困減	子どもと親の健康の改善	社会保障費負担減
	女性の生涯貯蓄額の改善	高齢者の社会保障費の負担減	

・女性が支えられれば、子どもの貧困は減り、社会保障費も減る
・女男平等は社会保障の負担減になり、所得税や年金、医療保険など税収は増える

家族手当基金（CAF）の資料をもとに筆者訳出

女性が働くことができるために

　女性が働くにはあまりにも日本の環境は過酷です。でも私は、家事育児仕事が両立できないと思っていませんでした。

　私は2000年に大学に入学しました。大学時代の女友だちで子どもを持って同じ仕事を続けている人を1人も知りません。20代後半に多くがやめました。なんとか子育てと両立させようと思ったけれど難しかったということが大半の理由でした。大学受験をしたり就職活動をしたりしたとき、こんな将来になるとは思っていなかったので、とてもがっかりしました。男性たちは同じ大学出身同士仕事で協力し合ったり、活躍の話を聞きます。ほとんどが仕事を続けている男性との大きな差を感じます。

　フランスでは週35時間、年間258日労働と雇用契約書にも書かれ、少しでも超えると高額の給料を払わなければならないので徹底されています。サービス残業などは罰金の対象になるのでありません。週末の就労は割高な給料のうえ代休がとれるなどの措置があります。さらに、3割の人はフルタイムで働かず5割7割といった働き方を選び、またフルに戻すこともできます。産休は男性も28日間と定められ、7日以上とらないと雇用主は罰金の対象になります。男性の就労時間が長すぎない、男女ともに就労時間を調整できるということがないと女性が就労を続けられる条件はそろいません。

貧困が少子化を招いている

　フランスは家族政策で少子化を克服し合計特殊出生率1.8（2022年）とOECDトップを誇っています。日本で貧困が少子化を招いていることについては以下のような研究があります。年収600万円以上の男性は平均1.74人、一方300万円未満では0.73人しか子どもがいないことを示しています[7]。他にも、非正規雇用男性の半数が未婚で、未婚の割合が正規雇用の3倍ということや、出産後の女性の年収の減りが大きいというニュース記事もありました。しかし、男性が長時間労働をしているため女性は子どもがいると思うように働けない現実があります。

　まずは男性を家庭に返すことからではないでしょうか。フランスのように平均18時で仕事を終え帰宅することができれば、共働きが可能になります。男性も女性も同じだけ稼ぐことができ、出産にかかる費用も無料、学費も無料であれば負担は減るのではないでしょうか。日仏の狭間で10年以上仕事をしていますが日本の仕事の進め方は非常に非効率です、時間制限ができれば効率化が図られていき仕事の方法も大きく改善すると思います。さらに、扶養控除というハードルをなくし、所得税を子どものいる世帯にとって軽く

図表3◆N分N乗方式 フランスのシミュレーション
子どもがいると所得税が軽減される

手取り	380万円世帯	640万円世帯	1000万円世帯
単身	25万円	100万円	176万円
夫婦子なし	0	33万円	86万円
夫婦＋子1人	0	21万円	62万円
夫婦＋子2人	0	9万円	48万円
夫婦＋子3人	0	0	25万円

出所：フランス政府サイト impots.gouv.fr による試算シミュレーション
1ユーロ＝149円で換算 2023年5月

することも必要な工夫です。

　子どもを持つことが負担になりすぎない所得税控除の制度も設けています。N分N乗方式として日本でも知られていますが、両親に子ども1人で2.5単位、子ども2人で3単位、子ども3人で4単位として「手取り額÷家族単位×税率（総支給額152万まで＝0％、388万まで＝11％、1110万まで＝30％、2388万まで＝41％、それ以上は45％）」という計算です（図表3）。子どもを産む動機になるほどではないですが、子育てが大きなハンディにならない工夫になっています。

パリ市広報の看板
パリでは、みなさんが権利を利用できるようにすることが私たちの義務です。

若者の自立を支える

●福祉は権利で、全員に届いていなければいけないもの

　学生になり親元を離れたら、当然のように家賃補助を利用します。16歳からは、若者向け職安で月7万4500円の生活費を受け取りながらソーシャルワーカーと心理士のサポートを受けることができます。学生寮とは別に若者用マンションがあり、家賃3~5万円で住むことができ、1階にはソーシャルワーカーが常駐していて書類の手続きなど手伝ってもらえます。

　生活保護制度が始まるのは25歳です。個人単位なので、実家にいながら自分だけ、パートナーと同棲しながら自分だけ、誰にも知られることなく受けることができます。

●生活保護がソーシャルワークにつながる機会になればいい

　私がパリ市の福祉事務所で調査をしていたときに夫婦が来て、20代の息子が家でゲームをしていて外に出なくて心配している、生活費も親がみていると話しました。ソーシャルワーカーは「息子さんは成人しているので親が生活費をみることはありません。ちゃんと自身の計画について話す必要があるので1人で来るように言ってください」と伝えました。後日息子に、成人しているので親に経済的負担を強いるわけにはいかない。ここで生活保護を受けながら今後の計画を話すと言いました。いちばんのリスクは孤立。親が抱えることで親子の関係が悪くなるかもしれない。家庭ごと孤立するかもしれない。いずれも避けるために、計画と生活費について子どもとソーシャルワーカーで話す。親子は親子としていい関係を継続するようにする。生活保護で子どもにソーシャルワークが届くからいいと話していました。

　また、他の若者は母国にいる母親が手術が必要になりお金を全部送ったので生活費がなくなったと話していました。きょうは食べるものはありますか？　きょうから生活費が必要ですか？とソーシャルワーカーは手続きを開始します。フランスでは銀行照会はしませんし扶養義務の手続きもないので、自己申告をもとに進めます。「本当かわからなくない？」と聞くと、「真実かどうかよりも、困ったことがあって来ている。本当に困っているのは他のことかもしれない。まだ彼のことがわからないので、まずは彼を知ること。必要なことがあればサポートすること、必要がなくなったら彼のほうから『もう大丈夫です』と言ってくるはずなので、必要性が低いといずれ短期間で終わる。それでもそのあいだに困ったことがないか確認する機会になる」と言います。

　日本では不正受給が問題になることがあるという話をすると、「いつでも、有名女優の子どもが生活保護を受けているとかそういうことを言う人はいます。けれど、受けるべき人が受けられないほうがもっと問題です」とソーシャルワーカーは話していました。

地域の暮らしの中にあるソーシャルワーク（アウトリーチ）

　路上エデュケーターのと
ころで調査をしていたとき
に印象的だったのは、ソー
シャルワークの臨機応変さ
です。例えば右の写真は、
エデュケーター（立ってい
るサングラスの女性、ベンチ
の女性右から2人）が地域
の若者（立っている男性と
ベンチの手前の男性）に自

動車教習を勧めています。このエデュケーターたちは自動車教習所を持って
いるので、自動車教習に誘うことで教習期間、若者たちと関わり、お互いに
よく知り合ってよりよくサポートすることができます。教習は全部で4万
円程度なのですが、その場で持参したパソコンをベンチの上で開き、エデュ
ケーターが選挙開票や会場設営のアルバイトの枠を持っているので、そこに
若者の名前を登録していきます。それで必要な費用の半分は埋まるので、残
りの半分について何がしたいか立っている女性が聞いています。

　エデュケーターたちが提案できる「社会的アルバイト」はいくつもありま
す。公的機関が運営する市営住宅のペンキ塗りや配管、自転車小屋の設計、
公園の整備などがこの日には提案されていました。例えば市営住宅の工事業
者のうち社会的アルバイトを担当する人が1人、エデュケーターの中で職
業訓練を担当する人が1人、最初のうちは若者をよく知っているエデュケー
ターが1人付いて若者と丸1日作業し、1日の終わりに若者は給料を受け
取ります。社会的アルバイトはプロが作業するよりもちろん時間がかかり、

付きっきりの人も用意するのでコストもかかります。けれど、この機会があることで、若者たちはさまざまなアルバイトを付き添われながら経験することができます。私の調査していた民間の児童保護施設は、エールフランス社の協力を得ていて、エールフランスが、若者と親たちの職業実習や雇用に協力をしていました。そのような民間資源につなげる専門のコーディネーターも置いていました。

巡回中にひきこもりの若者がいるという話を聞くと、その若者の学校時代の旧友を誘って家を訪問し「きょうバイトが1人足りないんだ。悪いんだけど都合がついたら手伝ってくれない？」と誘い、3人で1日アルバイトをしました。1日おしゃべりをして楽しく交流し、最後にアルバイト代を渡すと若者のほうから「また何か誘ってよ」と言います。エデュケーターは「どんなことに興味がある？　明日はスポーツするからいっしょに行く？」とさまざま提案していました。

エデュケーターは、「人間関係が億劫になることがあっても、やっぱりいい時間を過ごせるものだなと安心できるとまた次があるし、お金を受け取ると誰しも将来について考える機会になる」と話していました。

おとなたちを信じて育つことができるということ

私が児童保護施設で調査をしていたときに、サブリナちゃんという16歳の女の子に出会いました。とても過酷な育ちをしていて、学習にも大きな遅れがあり、かつ、うつ傾向でベッドから出られない日も多くあり、身体面も病気がちでした。18歳になると若者用アパートに移り、週2回の心理士兼ソーシャルワーカーの面談を受けながら暮らし、21歳からは若者女性用マンションに移りました。それでも心身の状況がなかなか改善しないままでした。私にとっては、娘と美術館や演劇や映画に行くたびに「いっしょにどう？」と誘う子どもの1人でした。

21歳のサブリナちゃんと公園で

サブリナちゃんが初給料で招待してくれた

　ところが先日、サブリナちゃんのほうからお誘いがあり出かけました。サブリナちゃんによると、私が「日本では就職して初給料が出たら、お世話になった人に若者がお礼する」と話したことがあったそうで、それをかなえる日を待っていたのが、きょうやっと実現したのだと言います。

　24歳まで仕事も学校もなく、アパートがあり生活費が出る福祉があったからこそ、やっと彼女の調子が良くなる日がきたのではないかと思います。守られた中で、信頼できるおとなたちたちに支えられ、おとなたちたちを信じてこれまでいられたからこそ、悪い勧誘を受けたり自暴自棄になったりすることもなく穏やかに笑えるようになったのではないでしょうか。私の娘がサブリナちゃんをお姉さんのように慕っているように、サブリナちゃんにとっても私がおばの1人のようになれているのかなと感じるしあわせな出来事でした。

　日本で社会的養護出身の子どもの退所後の支援が話題になることは増えました。けれど、その前提として若者支援に不足が大きいと思います。引きこもらず、家出せず、性産業にも行かないで済むための生活保障を望みます。

アーティストになる夢を支える

● 夢の実現を支える生活保護

　渡仏して感心したことの 1 つは、同世代の映画監督や画家の中に「暮らせるの？」と聞くと「生活保護だよ！」と言う人がいたことでした。アーティストの経済的自立を専門とするアドバイザーに会いにいきました。特にパリは世界中からアーティストの卵がくる、けれどアーティスト業界は人脈がないとなかなかいいチャンスには恵まれない。ですから、専門のアドバイザーが福祉事務所のワーカーと組んで展覧会に出品できるようにつないだり、映画や演劇で小さな分担が得られるように紹介をしていました。

　私が調査していた児童保護施設でも、ルーブル美術館の学芸員になった子ども、演劇の世界で仕事を始めた子どもがいました。そのことを日本で発表したところ、研究者から「文化的活動をさかんにした結果、そのような分野で仕事を得るようでは医者や弁護士になりたいという子どもの向上心を削ぐことにならないのか」という指摘もあったのですが、フランスの児童保護施設職員は「社会にとって技術者や研究者が必要なのと同じようにアートをする人も必要。音楽を聴いたり映画を見たりすることで人生を豊かにすることができている人がどれだけいるだろう。それらの職業に就けることも、就いている人の生活が守られていることも大事」と言います。パリ市のホームページには、4 年間で 2000 人のアーティストの経済的自立を支えたと書かれており、2009 年には生活保護受給者の 6 人に 1 人がアーティスト志望であったという報道もありました [8]。

● 経験と人脈と生活環境

　生活保護を受けているアーティストの経済的自立を支えている「アーティスティックな経済的自立支援アドバイザー」のフロランスさんはアドバイ

ザー歴15年、元アーティストで、その後はアーティストの所属するエージェントで働いていたそうです。アーティストの養成を行う学校は授業料は無料かつ、お給料をもらいながら研修が受けられる。生活保護を受けている場合はだいたい18か月での経済的自立を目指し、特に最初は月3回は面談しさまざまな人脈や披露できる場所の紹介、資金提供を受ける機会の紹介をします。例えばビジュアルアートをする人が住むことができる住居（CNAP）が全国に223か所あり、そこに入居すると住む場所だけでなく生活費を受け取り自身のプロジェクトを支えてもらうことができます。

アドバイザーは最初の3か月で3つのカテゴリーに分けます。1つめは短期集中的に支援してその道で経済的自立を目指す。2つめはその人の現在の経験と人脈ではすぐにその道での経済的自立は難しいため、アーティストとしての自立は長期で見通しを立て、他の仕事と並行して目指す。3つめは経験も人脈の生かし方も十分ではなく、アーティスティックな自立は現時点では現実的ではないため他の仕事によって当面生計をたてることを考えることを勧めます。機会の提供はするものの、その機会をもとに口コミで評判を広げられるかが重要であると言います。

ただ、実際には包括的な支援が必要なことも多く、精神面、病気の治療、家族を支えなければならない状況がある。その事情を克服し才能を十分発揮できるよう、福祉事務所のソーシャルワーカーとの連携は欠かせないそうです。18か月でも不十分で、できるだけ「自身のプロジェクトを育てながら生きるチャンスを守りたい」と話していました。

ある程度収入が得られるようになるとアンテルミタン制度があります。映画や舞台、音楽、映像音声、など芸術分野の不定期労働者が年間507時間以上働くときに、働いていない期間手当を受けられる制度です。演者だけでなく、当然大道具や機械技師や運転手も受け取れます。

文化を楽しみ、職業とすることも支える

　もっと幼い頃から文化に親しむ入り口は開かれています。習い事をするにはコンセルヴァトワールという文化遺産の価値を保持し教育するための公的機関があり、公的機関でアーティスティックな習い事をする生徒は 28 万人います。放課後に楽器やダンスや演劇を習うことができ、所得に応じた費用なので、経済的に余裕がなくてもアクセスできるようになっています。

　文化も権利の 1 つであることはフランス国内法では 1998 年の法律に明記されました。「就労、職業訓練、住居、健康、教育、文化、社会保障、市民権、スポーツ、バカンス、レジャー、交通」を国民皆が享受することができるとしています[9]。そのため、学校のソーシャルワーカーたちは、例えば子どもたちが長期休暇中もさまざまな活動ができるよう奔走します。

　中学以降は、2 年間の職業適正資格（CAP）コースが約 200 種類、3 年間の職業高校コース（bac professionnel）も約 90 種類あります。中学卒業資格試験があったり、中学の成績によっては高校普通科の選択ができず職業科を勧められるなど、早くから割り振りがありますが、手に職をつけ 16-18 歳で経済的に自立できるようになっています。

　訪問したモードに特化したパリ市内の公立高校では CAP も職業高校も無料、資格取得にかかる教材費も無料、さらに、生徒の 44％は国の返済不要の奨学金を生活費として受け取っていました。その学校で CAP は裁縫やクリーニング技術、紳士服の仕立てコースがあり、職業高校のコースは、1 年目は 6 週、2 年目は 8 週、3 年目は 4 週の実習と 120 時間の作品制作が課されていて、うち 4 週間は国外で実習することが推奨されていました。舞台衣装コース、舞台用カツラ制作コース、舞台照明や音響コースなど細かく分かれていて、違う仕事をしたのちに来ている生徒も多く、年齢層は幅広いです。

また、パリ市が開催している市民講座という半年で1万円程度で受けられる講座も、レースや刺繍、カメラ技術などがあり、違う仕事をしながら市民講座に通い転職する人もいます。

進路や職業において親の意向や経済状況に左右されず進みたい道を選べ、やり直しや方向転換もできるようになっています。

1つのきっかけから家族全員の福祉へ

「届ける」福祉を担うソーシャルワーカー

私に最初にソーシャルワーカーが付いたのは渡仏してすぐでした。長期滞在ビザの手続きに行くとその時点でフルタイムの就職先が決まっていない人にはソーシャルワーカーが付くということで、ビザの手続きの会場に来ていたソーシャルワーカーと面談し、名刺を渡されました。住居はどのようなものを家賃いくらで確保していていつまで住めるのか、仕事はどういうところに当たるつもりでフランス語の履歴書は作成できているのか、生活費はどれくらいのあいだもつのかなど確認を受け、その後もたびたび電話がきました。

頼んでいないのにたびたび電話がくるので「じゃ、ついでに聞くんだけど、仕事でこういう条件と言ってるけどいいと思う？ 雇用契約サインする前に確認することある？ 銀行の手続きでうまくいかないことがあるけど聞いてもいい？」と話せる相手として存在していました。

2度目は妊娠したときでした。妊娠初期面談という医療健康面だけでなく社会面心理面も確認し必要であれば支援することが義務づけられているので、産科病院で医師の診察のあとに産科に専属しているソーシャルワーカーが来て、私の心配していないことまで心配し、支えるサービスの提案をしてくれました。困ってからでは事後対応になるので、全員を対象にすることで予防的に利用できるようにしています。

●漏れている人がいることは問題

　フランスではなぜ福祉に漏れる人が出ているのか？ということを扱う学会があります。国の報告書でも重要なトピックとして取り上げられ、マクロン大統領も選挙のときはすべて自動で手続きすることで漏れをなくすことを政策目標の１つに掲げていました。例えばエデュケーターを路上だけでなくインターネット上にも配置するネットエデュケーターについて、財源となっている家族手当基金に「利用者は若者の一部にすぎないかもしれない、どれくらい彼らの状況を改善させられるかもわからない。だけどよくスムーズに全国の施策とする決定ができましたね」と質問したところ、「たとえ少数であったとしても、その制度があることで助かる人がいるかもしれない。福祉国家の一員として反論する人はいないはずです」という回答でした。

　福祉事務所のワーカーに日本では福祉を利用できるのに利用しない人がいるという話をすると「伝え方の問題なんじゃない？　私は使える制度がありますよと言って断られたことはない」と言う。ただ外国人で福祉制度について知らないなど「お金をもらう」ことが怖い人もいる。ですから、なるべく地域の無料習い事や無料エステやマッサージに誘いいっしょに楽しいおしゃべりのひとときを過ごしたり、数人で旅行に行く企画を立てていっしょに行ったりする中で相手に合ったコミュニケーションの方法を探る。文化メディエーターというそれぞれの文化とフランスの行政サービスをつなぐ資格の人がソーシャルワーカーチームに加わることもある。福祉や社会保障は「皆に共通の権利」であり、それが必要な人すべてに届いていることを保障することがソーシャルワーカーの役割なのです。

　そもそも手続きも、全国共通の生活保護、年金、手当などを扱うところと、自治体独自の手当などを扱う２か所に集約されています。ですから、市民は生活保護や手当をそれぞれ問い合わせる必要はなく、まずソーシャルワーカーに相談したら、ソーシャルワーカーがいっしょにこの２か所の窓口に、受けられる手当を探してもらい手続きが完了します。申請を前提とせ

ず、ソーシャルワーカーにとってはパリ市のソフトウェア上で相手の名前と生年月日を検索すれば、漏れがないか確認できるのです。目の前にいる人がどこのソーシャルワーカーにすでにサポートを受けているかも同じソフトウェア上で表示されるので、本人の了解を得たうえで即日連携を開始することも可能です。日本で福祉を受けない人がいるのは文化ではなく、受けにくい仕組みだということなのです。

● ソーシャルワークはクリエイティビティが求められる

　ソーシャルワーカーの雇用契約書には対個人のソーシャルワーク「ケースワーク」だけでなく、対グループのソーシャルワークも企画実行することと書いてあります。私の調査先では金曜午前「書類整理サービス」を実施し、区役所の会議室を開けて、市民が誰でも困っている書類の束を持ってきて、ソーシャルワーカーや管理職たちがいっしょに整理するという機会を設けていました。対応しきれないままたまっていたものを小さなスーツケースに入れてくる人、オンラインの手続きやプリントアウトする必要があるものを持ってくるお年寄り、ビザの手続きが迫っているので書類がそろっているかいっしょに確認してほしい人、ニーズは途切れずあるようでした。

　また、利用者ととても素敵な関係性を築けているソーシャルワーカーは演劇やコンサートの社会的無料招待席を扱う民間団体と組んで「心の文化クラブ」を開催していました。隔週金曜日にソーシャルワーカーと利用者たちがいっしょにコンサートなどを見に行き、そのあとお茶を楽しみます。区役所内とは違った絆を築く機会であり、利用者同士の交流もとても盛んになったといいます。ソーシャルワーカーの教科書の面接技法のページには、相手に合った話しやすいシチュエーションに配慮する。それはカフェかもしれないし移動中の公共交通機関かもしれないと書いてあります。相手に合ったアプローチを考えること、自分が対象とする利用者の暮らしがより良くなる福祉を企画実行する創造性が求められています。

●決して相手の代わりに求めない

　私は日本での生活保護担当時代、就労可能とされている人との面接義務が週1回と定められていました。先輩指導員が、利用者に就職活動の1週間の記録を持参させ、履歴書を送ったものの連絡がこなかったところ、面接に行ったのに採用されなかったところに利用者の前で電話して不採用の理由を聞いていました。そういう仕組みであるため、利用者は最初に決まったところで働き始め、それは必ずしも持続可能な、例えば子どもがいたりといったその人の暮らしに合っているとは限らない就労でした。

　フランスのソーシャルワーカーたちは「決して相手の代わりに求めない」ことが相手を尊重することであると言います。「働くか働かないかは相手の歴史の中で決まるもの、他人であるソーシャルワーカーが決めることではない」「相手が言い出さない限りこちらからは話題にはしない」と言います。ソーシャルワーカーに所属先から求められる役割があるとしたら「相談できる人が他に誰もいなかったとしても福祉事務所にだけは相談の電話ができる」という関係性だと言います。「福祉にだけは頼りたくない」の真逆の状況をいかに作れるかを制度の目的とし、ソーシャルワーカーの腕の見せ所として求めているということです。

　見慣れない母子が事務所に入ってきたときに先輩職員が新人を送りだした言葉が印象的でした。「手ぶらで返すんじゃないよ」、つまり、何かしら期待することがあり来ているのだから、その期待を汲み取りいっしょに答えを見つけることが求められている。使えるサービスの説明をして返す役割ではないということです。

　そもそも生活保護でもソーシャルワークするのは福祉事務所とは限りません。本人が就労したく、他に生活面で大きな問題がない場合は職業紹介所が担当、離別や家族の死亡を経験しているなど家族の変化によって支えが必要になったときは家族手当基金が担当、福祉事務所は生活面でさまざま相談事があり包括的、地域資源も含めた支えが必要な場合を担当していました。

「福祉があるだけでなく、一人ひとりのもとで実現されているか確認する」ことが役割と現場では言われていますが、家族による支えも地域の助け合いもないかもしれないことを前提にすべての人を支えようとしています。

● 予防的に福祉を利用することで問題が大きくなることを防ぐ

　ソーシャルワークを受けるのに必要な条件はありません。誰でも困っている人がいたら申請も審査も必要なく開始します。まずは誰でも相談できること。転居したら「かかりつけ医」と「担当ソーシャルワーカー」といった感覚の人もいるようです。問題があってからではなく、誰をも対象にすることで予防的なソーシャルワークと福祉の利用を可能にしています。

　1人から家族全体の福祉に広げていきます。またいろいろなところに福祉のきっかけがちりばめられています。高齢者が集まり文化活動を行う場所でも、必要に応じてソーシャルワーカーにつながります。例えば、食事の宅配を頼むと、市から収入に応じた補助が出るのですが、委託された配給業者はただ食事を運ぶだけではありません。あらかじめ市の研修を受けて、毎週チェックリストに記入しオンラインで市の担当に共有します。市では、継続的に以前のチェック内容と比べ、チャイムを押してから出てくるまでの時間が増えている、着衣が乱れている、髪を洗っていない、そのような日常的に会っていると気づかない変化でもデータ化される中でアラートが表示され、高齢者の暮らしや身体に変化があることを察知して訪問につなげます。

　ただ一方で、福祉事務所や病院は富裕層の行く場所ではないという感覚の人もいます。問題が深刻になってから来るケースとして、子どもたちが全員私立校に行っているのでソーシャルワーカーに気づかれる機会がなかったケースがあります。両親と子ども全員に弁護士と心理士がついているので、皆を対象としたサービスとして存在している家族仲裁や家族セラピーによる解決の機会もなかったのです。誰かが警察を呼ぶまで、予防的なソーシャルワークができなかったという家庭もありました。

● 福祉を受けるか耐えるかの二択ではない

　パリ市のソーシャルワーカー専門学校（学費は無料 - 年 3 万円）の学生の 7 割が生活費をまかなう奨学金を受け、25％が失業保険から手当を受け、5％は雇用されてそこから給料を受けていました。学生デモの報道では学生たちが「生活費の奨学金の金額は低くアルバイトをしないと旅行もできない」と訴えていますが、学生はバカンス中はアルバイトをしても学期期間中にすることは一般的ではありません。

　生活保護は月 9 万円（608 ユーロ）と住宅手当ですが、最低賃金に応じた活動奨励金（prime d'activité）があることでもっとなだらかな仕組みになっています。たくさん稼げば稼ぐほど手元にくるお金が多いという制度です。

　例えば**図表 4** のような計算になります。

図表 4 ◆ 最低賃金に応じた活動奨励金のしくみ
稼げば稼ぐほど、手元に入るお金は多くなる

最低賃金に 対する月収		活動奨励金 ＋住宅補助	収入合計
x1/3	461 €	+477 €	938€ = 14万円
x1/2	692 €	+422 €	1,114€ = 16万6000円
x3/4	1,037 €	+364 €	1,401€ = 20万9000円
x1	1,383 €	+288 €	1,671€ = 24万9000円

筆者作成　€＝ユーロ
出所：フランス政府サイト DemarchesAdministratives.fr による
　　　試算シミュレーション　1 ユーロ＝149 円で換算 2023 年 5 月

家族関係予算と税金

　フランスで個人が払う税金が日本より格段に高いわけではありません。レストランや、生活必需品以外の消費税は20％ですが、社会保険料は個人としては日本と変わりありません。

　違いは「家族保険」が介護保険のように結婚していなくても子どもがいなくても全労働者の給料に計算されることです。かつ、雇用主が労働者以上に労働者分の社会保険料を払う仕組みになっています。例えばこのような計算になります。

「給料22万－社会保険料4万9526円＝差引支給額17万474円
　　＋雇用主負担の社会保険料7万201円」

　つまり、22万給料を払うのに雇用主は29万払います。このように雇用主の社会保険料負担は大きいです。さらに、アルバイト制度がなく1日の就労でも社会保険料があるので手取り1万円払うには雇用主はその1.5倍は払うことになり企業負担が大きいのです。

　その他にタバコやアルコールなど健康に悪いものにかけられる高割合の税金も社会保障に充てられます。最近では金融資産や不動産収入にも課税されます。

フランスの抱える課題

●社会統合のための試行錯誤とパリ市の苦悩

　人権への配慮がなかった過去があるからこそ、人権について正しく対応しなければならない。フランスには、平等を掲げるからには平等でなければならない背景があります。福祉や人権意識は「進んでいる」と言うよりも、社会統合のための努力であり、自分たちの暮らしや国の未来に対する不安感の

裏返しと言うこともできます。

　社会がこれから先も成り立っていくためには教育と福祉分野ではせめて、全員にそれらが行き渡り、社会不安・コスト・リスクを最小限にする必要性があるのです。義務教育が6歳からではなく3歳に引き下げられたのは、不登校や中途退学をした子どもの8割が6歳時点ですでに遅れや困難が記録されていたということがわかったためでした。

　2013年以降、3500人以上住民がいる市町は住居の20%を低所得層向け住宅にしなければならないと法律で定められました[10]。パリは住宅難で難民や自立したい若者に提供できる住宅が少ないので、私が調査先で出会った人たちは多く「公営住宅＋生活保護＋職業訓練」のセットが提案され他県に越して行きました。中には大きな違反金を払ってでも、低所得層向け住宅を作らない市町もありますが、貧困世帯が一箇所に集中しないような政策をとっています。私の住む地区も家賃の高いマンションの隣に市営住宅や難民用アパートがあります。

　それでもホームレス支援の現場では「他県の住居をあてがわれたけれど、仕事の種類も限られているようなところには住みたくない、あそこに住むためにフランスに来たわけではないのでパリで家がない状態で他の住居の提案があるのを待っている」という人たちがいました。パリ市はとても小さいのでとっくに飽和状態です、それでもパリに住みたくて次々と地方から戻ってきており、低所得者層向け住居の地域格差をなくす政策は成功しているわけではありません。

　ただ「家族の支えや地域の支え」などないかもしれないものを堂々と言う風潮はありません。「家族の支えも近隣の支えも何もないかもしれないことを前提として」福祉から漏れないよう努力を続けています。

左上：児童保護日中施設「不登校支援校アトリエ・スコレー」では、毎週月
　　　曜は半日乗馬という選択肢がある。自由に乗れるようになったときの
　　　ことは、みんな満面の笑顔で話す。何人もが馬に関する職業資格を取
　　　得し、職業としていった。
右上：アトリエ・スコレーでは、まずは子どもたちが好きなアクティビティ
　　　をとことんする。できなかったことができるようになる、知らなかっ
　　　たものが大好きになる経験を積み重ねる中で、自信がつき、自尊心が
　　　育つ。コミュニケーション能力が鍛えられ、生きることについての肯
　　　定的な気持ちが育っていく。子どもの希望がかなうために尽力するお
　　　となたちの姿を見せることも、重要な教育者の役割。
左下：アトリエ・スコレーの壁は、子どもたちの作品がびっしり。心を打つ
　　　詩もいくつもある。子どもたちがアーティストになる場所。
右下：難民キャンプ。ある大規模市営住宅に住む16-25歳の若者たちは、路
　　　上エデュケーターに自分たちもボランティア団体を設立したいと手続
　　　きの相談をし、難民キャンプを訪問し、住民たちの希望を聞いてまわっ
　　　た。コミュニケーションが得意であるため、いっしょに笑ったりおしゃ
　　　べりしたりする中でニーズを聞き出し、他の団体と連携して衣食住、
　　　医療、事務手続きと包括的に支援できるようにしている。

暮らしを守るための抵抗

　フランスの特徴は当事者でなかったとしても、権利のためにたたかうことです。本書を執筆している2023年春は、年金の引き上げに対するデモが行われています。ゴミの回収もストライキで2週間分のゴミが山積みで歩道が歩けなくなっています。それでも誰も当然の姿勢として文句を言いません。回収されないゴミは「抵抗アート」と呼ばれているくらいです。自分たちの国と暮らしを自分たちで守る。「年金をつくったときの理念は国民皆が手をつないでお互いに支え合うことだった。それが不平等がある世の中で自分の身は自分で守れという社会にはなってほしくない」「民主主義ではなくなってしまう」と抵抗しています。何が価値か、この国にどうあってほしいか、そういう考えを皆で共有という意志に頼もしさも感じます。

■ 注 ···

1　OECD2021 年価格水準指数 PLI、労働政策研究・研修機構データブック国際労働比較 2022。最低賃金　フランスは月 20 万 6067 円、日本の最低賃金の平均時給 930 円×フランスの労働時間 35 時間× 4 ＝月 13 万 200 円

2　ニッセイ基礎研究所（2020）OECD 加盟国の年齢階層層別相対的貧困率

3　経済産業省統計局「日本長期統計総覧」（2022）

4　1459euro net/mois（2022）https://www.insee.fr/fr/statistiques/6047747?sommaire=6047805

5　https://www.lafinancepourtous.com/decryptages/finance-perso/retraite/le-niveau-de-vie-des-retraites/

6　https://www.strategie.gouv.fr/publications/retraite-patrimoine-de-nen-ont

7　Ghaznavi et al., 2022, Salaries, degrees, and babies: Trends in fertility by income and education among Japanese men and women born 1943–1975 Analysis of national surveys

8　https://www.paris.fr/pages/le-revenu-de-solidarite-active-rsa-a-paris-4444
https://www.lejournaldesarts.fr/la-mairie-de-paris-aide-les-allocataires-du-rsa-ayant-un-projet-artistique-97426

9　Loi du 29 juillet 1998 relative à la lutte contre les exclusions

10　loi 2013-61 du 18 janvier 2013, logement sociaux　建設住居法 L.302-5

■ **参考文献**

安發明子、2022「フランスの福祉事務所と生活保護——日本との比較から」『自治と分権』88 号、2022 年夏号

安發明子、2022 「フランスにおけるコロナ禍と福祉」『社会福祉研究』143 号、鉄道弘済会、2022 年 4 月

安發明子、2022「フランスにおける子ども家庭福祉と文化政策」『「健康で文化的な生活」をすべての人に——憲法 25 条の探求』浜岡政好、唐鎌直義、河合克義編著、自治体研究社

安發明子、2020「フランスの児童福祉の特徴・価値とその背景」『対人援助学マガジン』第 43 号、2020 年 12 月

安發明子、2020 「ソーシャルワーカーはかかりつけ医」『対人援助学マガジン』 第 42 号、2020 年 9 月

職業の発展を担う
ソーシャルワーカー
国民一人ひとりが力を
発揮するために

ケース会議のようす。
奥はチーム長、左から2番
目は学校1年目の実習生

　私は日本の福祉の発展のために、終身雇用の仕組みのもと労働者が希望するとは限らない異動があること、労働者が受動的な労働力とみなされていることを改善する必要があると考えています。医者たちは医学の発展のために研究をして国際学会で発表したり、日本の医学が大きな遅れをとらない動きをしています。建築家もニーズの移り変わりに敏感である必要があります。日本の福祉利用者が世界に引けを取らない福祉を受けることができているでしょうか。

　フランスでは終身雇用とは呼びませんが、無期限雇用契約で就職します。個人がスキルアップする機会が十分あることで競争が生まれます。自分ならではの得意分野がなければチームの一員として活躍できませんし、チームとしてのパフォーマンスが良くなければ民間の場合は競争に負け、公的機関もクレームにつながります。福祉を担う3分の2は民間機関です。

　コーディネートをするのが公的機関、専門性が高いのは民間機関、特に民間は自分たちが革新的な福祉をつくり出し国に認められてきたという自負が強いです。転職してももどれる制度があるので、安心して自分が活躍できる場所を求め、職場を移ることができます。

　例えば全国に6万人いるソーシャルワーカーの1資格であるエデュケーター国家資格。児童保護や障害、社会的精神的困難のある成人の支援現場で中心的な役割を担います。3年の養成課程は初年度から1週間の実習と1週間の座学をくり返し、現場で見聞きしたことを掘り下げる学び方です。管理職は「情熱の継承」の機会、学生は4か所で数か月から1年の実習をするのですばらしい職業、すばらしい職場と評判を広めてもらえる貴重なチャンスと言います。実習受け入れ担当は子ども25人のところ21人を担当し、実習生に面談や家庭訪問のたびに振り返りの時間をつくります。

　国の資格養成ガイドラインに目的が4点示されていて、教育的関係の展開、個人とグループをサポートする、社会的教育的

	誰が選ぶ	費用	就業時間内	頻度
能力発展プラン	従業員	機関ごとに予算あり	○就業時間外であっても就業時間としてカウント	個人研修は年2-4日、グループ研修参加は制限なし、個人の資格取得は年単位で可
学会、大会参加	従業員	機関ごとに予算あり	○就業時間外であっても就業時間としてカウント	1人年1-3日
機関企画のグループ研修	従業員の希望をもとに機関が企画し提案	国から資金、機関予算あり	○	席があれば希望するだけ参加できる（例:年10回）
国の「個人研修アカウント(CPF)」	従業員が国のリストから選ぶ	国と雇用主が負担	○就業時間外であっても就業時間としてカウント	年20時間。120時間まで蓄積できる

アクションの実施（社会全体に対し社会的絆と連帯を強化することに寄与）、そして知識や技術のアップデートと継承と書かれています。この4点目が重要です。ニーズ分析、政策の方向性についての提案、職業の専門性を高めるプロセスへの参加、外国語を含む情報源からの情報収集と共有、専門的実践の批判的分析と職業的価値の発展への貢献、実務経験から得られた知見について記述し公開することを求めています。

　フランスは国民一人ひとりが力を発揮することが国の力になると考えています。だからこそ、コロナで働けない状況の労働者が出たときも研修費用を国が出すと即日発表しました。

　どの業界で働いても毎年学び続ける体制があります。雇用主は一定の割合の予算を研修費用としなければならないことに加え、国が払う研修費用もあります。子ども家庭福祉の現場では公的機関、民間機関ともに以下の4つの枠組みが設けら

れていました。いずれも雇用主か国が払い、就労時間の枠内で行います。自分で内容を選べます。

　1つめは能力発展プラン（Plan de développement des compétances）です。職務に関するものを、研修専門機関などで受けます。例えばあるエデュケーターは能力発展プランで4年間かかる家族セラピストの資格と、2年間の管理職資格（CAFERUIS）を取得し、その後は家族面談技術の研修に参加していました。研修が専門性の向上、同僚との差別化、キャリアの積み重ねと将来展望に生かされています。実務者に修士や博士の取得者が多く広く情報を共有したり横のネットワークを育てられるのは、この仕組みがあるからです。

　2つめは職務に関連ある学会や大会への参加で年1-3日利用でき、交通費宿泊費だけでなくパーティー参加費用も出ます。もちろん土日の場合平日に代休をとります。

　3つめは機関が企画するグループ研修です。チーム全体の成長と個人の成長両

方を支えるのは管理職の役割です。ある管理職はこのように話します。「国家資格を得るための3年間で学べることは限られていて、相手を知るための能力はそれぞれの職場で習得する必要がある。養成課程に期待することは広く浅い知識ではなくどんな相手にも対応できるプロとしての姿勢。利用者を理解するための能力やポストに必要とされる知識はそれぞれの職場で研修を用意し蓄積していく必要がある。なので、新任には初年度8個であっても必要な研修を用意する」。例えば在宅教育支援のあるチームではこのような研修が1年に用意されていました。「親をすることへの支援」「家庭訪問」「パートナー間暴力と子どもへの影響」「親の精神疾患と子ども」「児童保護に関する司法と判例アップデート」「赤ちゃん、乳幼児、年齢ごとの不具合や苦しみの表現」「関係性において最適な近しい距離」「専門的記述方法」「親子関係、親戚関係と親をすること」「異文化へのアプローチ」。

4つめは、国の「個人研修アカウント（CPF）」というすべての労働者が有する年間20時間の研修の権利です。内容は職務に関わりがなくても良く、労働者が選び、費用は国と雇用主が負担します。CPFは120時間までくり越せるので、まる1か月休んで語学など学ぶ時間に充てる人もいます。

研修は研修専門機関が行い、講師は専属ではなく第一線で活躍する人が多くの場合担当します。エデュケーターのガイドラインには専門的知識の蓄積と広く伝えること、後継者の育成に関わることも役目の1つとして明記されています。専門職にとって研修専門機関の講師を務めることはその分野の専門として認められたことを意味するので積極的に担います。エデュケーターに人気の研修はシステムアプローチや家族セラピーでした。管理職や機関責任者になるにも、専門学校に通い資格をとります。資格を得ると、20代でこれまで携わってこなかった機関でも、管理職や責任者として就職できます。研修を積み重ねる中で職種を変えることもあります。調査先では文化メディエーター資格で、外国出身家庭の家族と専門職をつなぐ仕事をしていた人が弁護士資格をとり職種を変更しました。管理職は修士を2つ3つ、または博士をもっている人にも多く出会います。魅力的な職業であるためには、キャリア展望は重要です。フランスの福祉職は科学的実践者であり、それぞれ自らのキャリア展望を育てており、さらに、その職業の発展を担っているという自負で取り組んでいます。

日本もフランスも人手不足である状況は同じですが、フランスでは仕事が魅力的であるために専門職として自信を積み重ねられる職業であるよう工夫しています。

参考：安發明子、2023「フランスの子育て在宅支援を担う人材とその育成」『総合社会福祉研究』第53号、総合社会福祉研究所

親という
実践を
支える

親をすることは簡単ではないから。

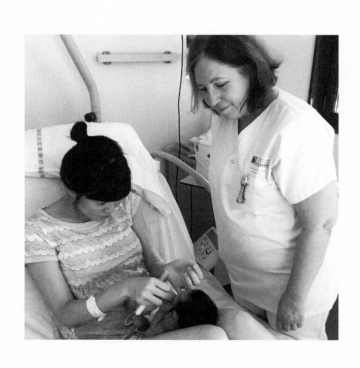

出産から自宅へ、専門職による個別ケア

親子に合った方法で　コミュニケーション

　私の出産したパリ市郊外の公立病院では母親学級のようなものはなく「生まれたらいっしょにしてみればいいじゃない」という対応でした。私は自然分娩はリスクが高いとして、予定帝王切開と告げられましたが、「誕生日を選べます。パートナーも産休を取って、十分準備して迎えることができるね」と言われました。

　私は夏の始まりの日である夏至、フランスの音楽祭の日を選びました。時間は朝食をとってからゆっくり病院に向かって準備できる 12 時。妊娠初期からずっとみてくれた産科医が執刀してくれます。前日の夜、夜景を眺めながら大きなパフェを食べて、子どものいない最後の夜を楽しみました。

　当日の朝、私が出産立ち合いを希望していたのに、夫が「怖いからやめとくよ」と答え、夫は助産師に連れて行かれました。12 時に手術が始まり、枕元にいる看護師がたびたび進行状況を教えてくれました。そして 15 分したとき、産科医が「ムッシュを呼んで」と言うと、看護師が壁と私のあいだに大

◀とびらに寄せて

　退院してからも、落ち着くまで、1 日おきに助産師が訪問するようにという指示の書かれた処方箋が出された。助産師は 1 時間家にいてくれるので、「ネットで調べるよりは私たちのことをよく知っている専門職に聞いたほうが確実」という習慣が身につき、その後保健所に引き継がれても、お散歩ついでに保健所に行って細かいことを聞くようになる。

　保健所の待合室では心理士が話しかけてきて、思っていたよりも話し込むこともあった。

きなシーツを広げ通路を作り、夫が他の助産師に付き添われ、「壁のほうを見て歩いてください」と私の枕元まで来ました。到着するやいなや、「ふ、ふ、ふ、ふ」と言う声が聞こえ、赤ちゃんが出ました。12時21分。助産師は親子の写真を撮るなり「赤ちゃんはパパと過ごしますね」と赤ちゃんと夫といっしょに出ていきました。夫に終始1人の助産師が付き添い、夫の顔色を見ていました。

　夫は手術室を出るなり「洋服を脱いでください」と言われ、上半身裸にされベトベトの赤ちゃんを抱かされました。こういったカンガルーケアという知識がなかったので衝撃的だったそうですが、夫と昼寝をして過ごした赤ちゃんは、すっかりくつろいでいました。赤ちゃんのベッドの位置などいちいち希望に合っているか確認し、両親と子どもで過ごす時間に配慮して何時くらいに赤ちゃんの検査やケアをしに来ると言ってくれ、私たち両親を主役にしてくれる気持ちのよいケアを受けました。

生まれたときからひとりの人間として存在する

　看護師や小児科医が赤ちゃんの検査などに来るのですが、いちいち赤ちゃんに「こんにちは。私はベアトリス、看護師よ。まだ落ち着かないときに申し訳ないけど、全部順調か確認するためにこういう検査をするわね」と話しかけます。その後、親である私たちに説明します。おむつを替えたりミルクをあげたりするときも、赤ちゃんに説明し了解を取ります。赤ちゃんもちゃんと話しかけられたほうを見ていて、他人が来ることや世の中に対する安心感のようなものにつながっているように感じました。

　そして生まれた日の夜、赤ちゃんは自分のベッドでおとなしくしていたのですが、看護師に「ほら、見なさい。暗いでしょ？　夜は寝るのよ。ママはきょう、とても疲れているから休む必要があるの。あなたも明るくなるまで寝るのよ」と、生まれて数時間で社会の一員としてのルールを教わっていました。

母性や父性など存在しない、親実践を支える

　しかし、翌日から退院まで、患者としてではなく、親としての自覚を促されるような修行生活が続きました。帝王切開でお腹が痛むのに「帰ったら自分で子どものめんどうをみるのですよね？　早くから動くことで体を鍛えていけるのよ。自分でトイレに行って赤ちゃんのおむつも替えましょう」と動くよう促されました。

　夫は産後１週間後に引っ越しを予定していたのでそちらのほうが気になっていて、ダンボールを手配しに行ったり病室を不在にしがちでした。助産師は「彼は理解してないわ！」と、夫が病院にもどるたびに数秒後には登場し、「さぁ、パパが今できることはなんだと思う？」と親としての自覚と実践を育てていました。退院する頃には、おむつもミルクもパパのほうが気づく、お風呂もパパのほうが得意という状態でした。

最初の 1000 日プロジェクト

　2019 年、政府は「最初の 1000 日プロジェクト」を打ち出しました。妊娠４か月目から２歳半までの 1000 日が、子どもの発育や人間形成に重要だと、妊娠中から心理的社会的ケアを充実させました。地域でのケアを担う助産師や地区担当がいて、250 人に１人配置されている小児看護師が週 1-2 回は産科病院で勤務し、妊娠中から地域への支援につなげる役割を担います。

　2021 年から父親の産休は 28 日になりました (7 日以上取らない場合は雇用主に罰金)。パリ市の「最初の 1000 日」政策担当者は「困りごとを抱えたままおとなになるほうが、社会保障費の負担が増えると社会で認識されている」と、予防的な効果も指摘しています。

合理的で人間的な支援制度

　99% 無痛分娩のフランスでは、お腹を痛めて産むという考え方はありません。「産んだあと育てるほうが、ずっとたいへんなのよ。産むことについて苦しまないですむ方法があるなら、そうしましょう」という説明を助産師さんがしていたときは、とてもおかしくなりました。無痛分娩は 1994 年にシモーヌ・ヴェイユ社会問題・保健・都市大臣が、「お金がある人だけ利用できるということは受けいれられず、どの病院で産んだとしても一律無償で利用できるよう健康保険が負担する。それはすべての希望する女性の権利である」と言い、無料になりました。彼女は 1978 年にも妊婦健診と出産の無料化を実行した人物で、保育を両親の収入の 1 割の金額で利用できる制度や保育に関する職業の資格化を進めました。

　入院中、休みたいときは赤ちゃんは助産師ルームに預かってもらうことができたので、最初 2 日間の夜間はそこで寝かせてもらいました。出産翌日から次々と友だちが見舞いに来て忙しく、赤ちゃんは寝かせたまま私はミルクの時間も気にしていなかったので、助産師に「あなたが母親で、この赤ちゃんの命の責任者なのよ」「あなたは、してはいけないことをしている」と怒られたりもしました。

　親子の愛着関係、赤ちゃんの反応と親である私たちの気持ちは、注意深く観察されているように感じました。赤ちゃんとのさまざまな出来事や反応の中で、「どう感じる？」と何度も聞かれました。予定より 1 か月早く生まれたので、まだ寝ているようでミルクも飲まず、何度も起こしながら飲ませてもお腹を下し、お腹が空いたと泣くこともなく、母乳も吸わずでした。黄疸があると機械に入れられ、「赤ちゃんに無理をさせているように感じる」と助産師の前で泣いたときは、「赤ちゃんはあなたの気持ちを受け取っているし、すぐに強くなるから」と励まされました。

　いろいろな感情や想いを言う機会をいつもつくってくれ、退院してからも24 時間体制で助産師ルームに電話をすることができたので、たびたび相談ができ安心でした。

その後調査をする中で、病院によっては愛着関係を強化するための助産師を多く配置したフロアを用意しているところもあることを知りました。このときから専門職と親との上下関係というか、すべての子どもを守る専門職と、素人で新人で無経験の親という関係性ができていたように感じます。

私の心配するかもしれないことを想像する専門職

妊娠初期面談が義務づけられていて、医療面だけでなく社会面心理面もチェックし、暮らしの準備をすることが専門職に課せられています。

私の場合、医師の診察のあと「ソーシャルワーカーが来るから座ったままでいて」と、診察の流れの中でソーシャルワーカーに会いました。そこで私は近くで育児を支えてくれる人がいるか、夫にはどれくらい期待できるかなど聞かれました。移民夫婦でフランスに家族がないこと、夫がサービス業で夜や週末不在であることから「孤立」を心配されました。「母子2人でまる1日過ごすのはたいへんなことだから、1日2時間でも、誰かが来て赤ちゃんを抱っこしてくれ、母親が自分のことをできる時間をもったほうがいい」と、妊娠中と産後に家事育児支援の国家資格をもった人が定期的に家に通い母親をサポートする、健康保険で利用できるサービスを勧められました。

不妊治療歴が非常に長い私は、「妊娠するか、しないか」のみ考えてきており、妊娠中や産後の暮らしについては1度も考えたことがなかったことを思い知らされました。このソーシャルワーカー面談がなければ、自分に孤立リスクがあることも、誰かに頼むことも思いつきもしなかっただろうし、そんなサービスがあることを調べることもしなかっただろうと思います。「思ったより子育てってたいへんだな。でも、みんなにはできているんだから、がんばらなきゃ」と思ったのではないかと思います。大きな発想の転換になりました。「私は赤ちゃんを迎え育てることについては何も知らない。困る前に聞いてみよう」と思うようになりました。

リスクを未然に予防する専門職のスタンス

　帝王切開でない場合、産後は2日か3日で退院するのですが、私は体重が増えない娘の育児に不安が大きく、1週間病院にいました。出産費用は無料なので個室で長期間お世話になったのに、退院のとき会計を通る必要もありません。退院後は48時間以内の助産師訪問が義務づけられていて、私の処方箋には「助産師が必要と判断した期間、1日おきの訪問」と書かれていました。避妊法も8種類も書いてあるリストから選ぶように言われ、「今のところ必要ない」と断っても、産後の夫婦生活の重要性について医師から話をされました。会陰ケアについて8回分の処方箋（運動療法士のところでさまざまな筋トレを教わった）、そして、赤ちゃんの頭の形を改善するため運動療法に通う処方箋も渡されました。産科の医者が気にする範囲が広く、私の気にしていないところまでケアの対象となっていることに驚きました。

　妊娠中の社会面心理面の支援が必要でないかチェックする面談の義務、出生前診断もほぼ自動的に全員に無料でされます。胎児のエコー検査も1回45分もかけて状況を確認します。リスクを未然に予防するスタンスが徹底していること、子どもの健康について親よりも専門職が自らの役割として使命感をもって気にしていることが特徴です。中には、希望してもいないのに心理士のところに通うよう言われるなど「合わない」と言う人もいますが、ごく一部であったとしても、気づかれなかった障害や、悪化してからの親子の関係性などにふれる機会の多かった私にとって、子どもの権利を確実に守るにはそれくらい必要なのではないかと反発は感じませんでした。特に自分自身、子育ての中で判断を誤ったり思うように動けず専門職の指摘がなかったらもっと子どもに悪いことをしていたと思う機会が何度もあったので、それくらいの監視と口出しはあっていいと感じています。

赤ちゃん観・育児観を変える専門職、社会の中の子ども

1日おきの助産師訪問、ネット検索より専門職

退院後1日おきの助産師訪問はたっぷり1時間、私と赤ちゃん、両方みてくれました。赤ちゃんを起き上がらせて話しかけたり、いっしょにミルクを作ったりおむつを替えたりする中で、「そうするのか」と学ぶ動作がたくさんありました。助産師が話しかけると赤ちゃんがよく聞き、反応し、温かい世界観ができていて、自分の中の赤ちゃん観、育児観が毎回更新されていくような感じがしました。

手術後の抜糸も助産師がしてくれ、赤ちゃんの体重が一定に達すると、区に1か所以上ある保健所のような機関である妊産婦幼児保護センターに引き継がれます。そこは児童保護専門医、助産師、小児看護師、心理士、パートナー間アドバイザーなどがいて、予約なし保険証なしで無料で通うことができます。予防接種などもここで受けます。遊具のたくさんある広い待合室では心理士が話しかけてきて、赤ちゃんと親がそれぞれ見守られているのを感じる場所です。いつでもここに行ってさまざまな専門職に質問できたので、インターネットで情報検索をしなくなりました。

親である前に、ひとりの人間としてしあわせであること

退院した翌日、1日おきに家庭訪問に来てくれる助産師に「あなたはしたいことをしている?」「何が好きなの?」「それをする時間はいつ取ってる?」と聞かれました。私は、赤ちゃんが小さいうちは、自分のことは何もできないものだと思っていたので新鮮でした。「子育てがママにとって暮らしのすべてになるのは、お互いにとって良くない」と言うのです。ママがママの人生を充実して過ごしていれば、子どもが子どもの人生を歩むことを尊重し支え

ることができる。ママが充実した暮らしをして、疲れていないことが赤ちゃんにとってはうれしいことだ、と言います。

　特別したいことはなかったのですが、退院した翌日の夜1人でデパートに出かけ閉店までフロアを見てまわったときの開放感、産後2週間でインタビュー調査の仕事を再開したときのうれしい気持ちは、きのうのことのように鮮明に覚えています。

複数で子どもを育てる

　ソーシャルワーカーのアドバイスを聞き、あらかじめ友だちに頼んでおいて、夫の産休を引き継ぐ形で3人の昔ながらの友だちと妹に順番に10日ずつ泊まりに来てもらいました。友だちが読みものすべてを音読するのを赤ちゃんが抱っこされながら興味津々で聞いていたり、妹が赤ちゃんをセーヌ川クルーズに連れて行ったり、いろいろな人に見守られてしあわせな新生児時代を過ごしたと思います。「見て、笑ったよ！」「きのうよりもきょうはキョロキョロ目覚めてて、日に日に成長してるね」など友だちと分かち合い、友だちと特別な思い出がたくさんできた時期になりました。

　助産師訪問の中で、「ママの人生と赤ちゃんの人生は別のもの、子どもはいろいろな人から愛情をもらい学んでいく必要がある」と言われました。「赤ちゃんに愛情をくれる人を与えていくこと」も母親の役割であり、子どもが他の人と関係性を築いたり、保育園を楽しんだりすることにつながるということです。娘は3か月で保育園に入るまでたくさんの腕にだっこされ声をかけられ育ちました。この環境を用意できたのは、妊娠初期面談のおかげです。

ハッピー基準で自分なりの子育てができるように

　育児の中で求められていることは日仏で大きく違います。フランスの基準は「あなたの赤ちゃんが望むことだけすればいい。ママだからあなたにはわかるはず」ということ。「赤ちゃんがハッピーなら何も心配することはない」と言います。「これはどうすればいい？」ということ一つひとつ専門家に寄り添ってもらえたことが安心でした。

　例えば、ミルク1つについても「赤ちゃんは母乳を吸わないし、私の母乳も出ない」と言うと助産師は「ミルクが原因で病気になった、育たなかったという赤ちゃんは見たことがない」「あなたにはきっと他の才能がある」「悩まないでしあわせでいて、自分の得意な違うことをしてあげたら、赤ちゃんはきっと、母乳と格闘し悩むママよりうれしい」という返事でした。

　助産師に会うたびに、さまざまな相談をしました。「母性というものが私の中にはないみたい。育つようすもないように感じる」「赤ちゃんといっしょにいるだけでしあわせいっぱいという気持ちだという人がうらやましく感じる。私は疲れてしたいことが思うようにできないように感じる」そういった相談も答えは1つ。「あなたがハッピーだったら赤ちゃんはハッピー。あなたがしあわせになることをして過ごして」。

　「べき」ではなく「したい」が基準だということは、親になっても同じでした。「赤ちゃんを見なさい。しあわせそうにしているでしょ？　それは、今、満足していて、不満に思っていることがないということ」と現実を見るように言ってくれたことも有益なことでした。母乳が出なくても、思うようにしあわせで優しい母になれていない気がしても、穏やかに過ごしている赤ちゃんを見たら、悪い状況ではないと救われる気持ちでした。

日本語の自分とフランス語の自分、自己認識の違い

　私は日本語とフランス語で自分について話すときに、同じ人物ではないように感じることがよくあります。二重人格なのではないかというくらいの差ですが、日々誰かと会話する中で積み重なっていくと、自己認識として大きな違いが生まれるのではないでしょうか。

　日本語だと子育てについてたずねられたときに「本当はもっとていねいに接したいと思うのだけれど、なかなか精神的な余裕がない」と「べき」という価値基準をもとに、「親としてもっとどうあるべきなのに、ここが自分の至らない点だ」という表現を使いがちです。それは他者からの評価も想定した親としての自己評価であるように感じます。また、親としての肯定的な評価はしにくく、自分自身より親としての回答をします。

　フランス語だと「もっと自分のことしたーい！　娘とコミュニケーションがうまくいかないことがある！」と、「したい」という価値基準をもとに、「自分はもっとこうありたいけれど、自分とは限らない理由でかなっていない部分がある」という表現になります。必ずしも自分には問題の理由を求めません。フランスでは自己があるので、自己の願望や希望は子どもとは関係なくもっていていいという前提で話します。他人から母親としての評価をされる心配もないので、ありのままを言うことができます。現状を嘆いたり、不満を言うことも認められているので本音が言いやすいのです。

赤ちゃんの意思表示を助ける

　専門職は、赤ちゃんの感情に言葉を付けようとします。

　退院した翌日の助産師訪問のとき、「夜、赤ちゃん泣いた？」と聞かれ、「病院では１回も泣かなかったのに」と答えると、赤ちゃんの脇を両手で持って起き上がらせ「私のほうをよく見て。そう。新しい環境で慣れなかったね。なんで泣いたの？　疲れてた？　怖かった？」と聞きます。専門職が話しか

けることにはもう慣れていたのですが、赤ちゃんがよくわかって返事して会話が成り立っているようで感銘を受けました。

　赤ちゃんの反応に言葉を付けることで、赤ちゃんがよりよく自分の希望を整理し的確に表現できるよう助けているようでした。「赤ちゃんが何を望んでいるか、何を言っているかわからない」ということが私になかったのは、その教育のおかげなのではないかと思います。「おとなが決めるのではなく、赤ちゃんのことは赤ちゃんに聞く」「赤ちゃんが伝えられるようになるのを助ける」という考え方は、それから先もいくたびも経験することでした。

ひとりの人格として、社会の中での子どもの存在

　退院して翌日から散歩させると、赤ちゃんに話しかける人が多いことに驚きました。それも「朝までちゃんと眠れるようになったかい？　お母さんを困らせるんじゃないよ」というのが、新生児への声かけの定型句のようでした。赤ちゃんも「それぞれ都合がありお互い配慮し合って生きている社会の一員」と見なされているのが新鮮でした。パリの地下鉄はエスカレーターなどほとんどなく階段ばかりですが、1秒も待たずいつも誰か飛んできてベビーカーを運ぶのを手伝ってくれます。泣いていたらお年寄りに「人生生きるに値するものだよ」と言われたり、たくさん声をかけてもらっていました。

　電車やレストランで肩身の狭い思いをしたこともありませんし、子どもの入店が断られるレストランはないのですが、レストランでうるさくしていると店員が赤ちゃんに注意するので、赤ちゃんも親から注意されるときよりも聞き分けよくなります。子どももいろいろな場があることを学んでふるまえるようになるのではないかと思います。子どもに直接話すので、子どもも知らない相手ともコミュニケーションできるように育ちます。

　そして、親にプレッシャーがかかりません。子どもが直接他人に注意されるので、親である私は関係ないのです。「あらあら」という表情くらいで十分

なのです。フランスにいると「そんなに大きな声だったら怒られるんじゃない？」と心配を子どもに示すだけで十分。日本だと自分が子どもを律する役割を担わされているので「お願いもっと小さい声にしてちょうだい。ママが注意されるから」ということになり、お互いストレスになります。

　また、赤ちゃん扱いしないのも気に入った点でした。赤ちゃん用のプラスチックのコップやカトラリーなど出しません。おとなと同じ食器を使います。でも赤ちゃんはそれがうれしく、とても大事に扱います。

　社会に子どもが迎えられている、そして私の付属物ではなく、ひとりの人格として接せられ、娘自身も自身のコミュニケーション能力を養って人とのつながりを築いていっていると感じていました。

　もう少し大きくなってからですが、長距離電車で退屈している娘に居合わせたおじさんが、まだ手先が上手に扱えない娘に、親指を立てる「いいね！」ポーズを時間をかけて教え、「誰かに会ったら『いいね！』ってするんだよ！」と説明していました。それからしばらくベビーカーを運んでくれる人がいるたびに、親指を立て「いいね！」をして笑われていました。

すべての子どもの育ちを支える専門職

●「虐待」という言葉をなくし、支援の基準を「心配」へ

　2007年に、予防に重点を置いた児童福祉の大きな法改正がありました。「虐待」という言葉をなくし、支援の基準を「心配」にすることで、少しでも心配があったら子どもだけでなく親も手厚くケアし、問題が大きくならずにすむような仕組みが目指されました。

　妊婦自身が妊娠届を区役所に出したり母子手帳を取りに行ったりしなくても、自動的に児童福祉各機関の専門職が妊婦のまわりにサポート体制を築く構造がつくられています。最初に妊娠を確認した医療関係者が妊娠証明書を

書き、それが妊産婦幼児保護センター、家族手当や保育園や家庭へ家事育児専門家の派遣を担当する家族手当基金（CAF）、妊婦健診や出産費用を無料にする健康保険へと届きます。各区の妊産婦幼児保護センターは、その妊娠証明をすべてチェックし、全員に利用できるサービス内容の案内を送り、少しでも心配のある妊婦のもとに家庭訪問を開始します。妊娠初期面談を法律で義務づけているので、赤ちゃんを迎えるにあたって社会面・心理面のさまざまな提案を受けます。子育てに適したアパートの手配がされることもあります。

●親であることを親だけの責任にしない

　特に気にするケースは、妊娠初期面談を受けたのが妊娠してから時間がたっている場合や未成年の場合、他にも「不妊治療、高学歴、高社会的地位」もリスクの要素とされています。

　母子健康手帳は産科が用意し誕生時から記録を開始し、退院時に宝物のように渡されます。

　すべての妊婦が児童福祉専門職と話す機会がたびたびある中で、気軽に相談する習慣ができ、助けられる経験を重ね専門職への信頼が築かれていくよう工夫されています。「子どもはみんなで育てるもの」という制度をつくり、親になること、親であることを親だけの努力に求めず、親だけの責任にせず専門職が支えています。図にまとめてみると**図表1**のようになります。

子ども家庭福祉の中心的概念「親をすることへの支援」

「親をすることへの支援」（Soutien à la parentalité）はフランスの子ども家庭福祉分野で中心的な概念・枠組みです。「親をすることへの支援」国家戦略が立てられ、サブタイトルは「親を描いてみて」。

　どのような親になりたいか、親としてどうありたいか、それぞれの望みに

図表 1 ◆ 妊娠中から産後帰宅するまでの専門職の連携

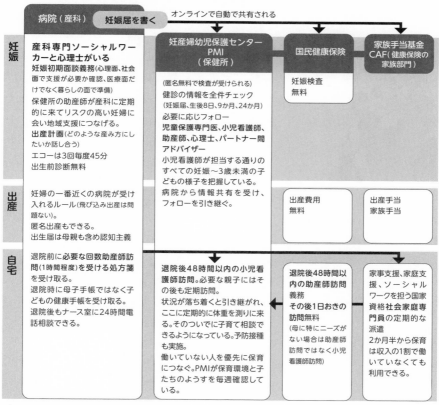

パリ市での調査をもとに筆者作成

専門職が寄り添う形を取り、すべての親を対象とします。親としての実践を専門職が支えることで子どものケアを実現しようとしています。

　Parentalité の直訳は「親であること」。「親は世の中でいちばん難しい仕事だから」や「親であることは簡単なことではないから」が、親たちによく使われている説明です。親役割の習得ではなく、自分が望む親に近づけるサポートをすることが目指されています。保健所の心理士は「自分の親と同じ

ことをする。親と反対のことをするのではなく、自分の望む親を築いていけるようにしたい」と言います。

「親を描いてみて」というフレーズについて健康保健省の「家族・『親をすること』デスク」の責任者に聞きました。

「親になるとき、自分がどんな親になるかなどわからないもの。自分自身でどんな親になりたいか思い描いて実現していくんです。そのためには支えやアドバイスやともに歩む人が必要。親というのは自分自身だけでつくり出せるのではなく、みんなでつくり出すものです」。つまり、「自身が望むような親になれるように支えよう」ということだそうです。親になる方法を教えるのではなく、それぞれの親がもつ疑問に親自身で答えを見つけていけることの支え。親が自分の求めている人、機関を見つけられること、したい挑戦がうまくいくような態勢を整えられること。

親のモデル像を描くことはできないし、モデル像を国が描くわけではありません。親たちそれぞれの個人的な経験をともに歩めるよう支えるのです。親と子どもの関係を再度、築き直すような機会もたびたび必要で、簡単ではないこともあります。それは、『誰にとっても簡単なことではないよ』と言い続けることが大事です。

「自分が望んでいたような親ができていない」と思う親があっても、「それは失敗ではない」ということです。完璧な親などいません。まずは完璧な親などいないことを社会が認識すること。それぞれの親がしていることを認めること。完璧な親というイメージを葬ること。

「親として、してはいけないことについては法律で十分定められているので、我々の役割はそれぞれの親が親になり親をする、親を築いていくことをともに歩んでいくことです」

子育てがすごく難しい親もいる

―――― よりよく子どもと向き合えるよう自分の歴史を整理する

私は十数年不妊治療をして望んだ子どもだったにもかかわらず、思っていたよりもずっと、子育てに苦労しています。子どもは明るく社交的でいつもごきげん、人に育てやすいと言われているにもかかわらずです。なので、図らずも、子育てのたいへんさは親自身の抱える問題という自分の研究分野で学んできたことを自分で経験することになりました。確かに、私が幼稚園時代から自分の子どもを持つことが夢だったのは、自分の子ども時代をやり直したい気持ちが強くあったからです。

けれどここまで、自分が疲労困憊するとは思ってもみませんでした。娘の赤ちゃん時代は、土日が怖かったです。満足で楽しい1日を提供できている自信がなかった。保育園にお迎えに行くと、帰ることを嫌がっていました。保育園の幼児エデュケーターたちのすばらしい対応に比べ、夜勤休日担当の私は上手ではない。そんなふうに自分のことを認識していました。お迎えに行くのは楽しみなのに、いっしょにいると5分で寝込みたくなるのです。

特に驚いたのが、それまで1度も思い出したことがないことが次々と思い出されることでした。3歳の子どもを前に、自分が3歳くらいだったときのエピソードが蘇る。子どものときの自分は、格段ショックを受けていたわけではなかったり日常だったり、相対化して考えることもしなかったことが、今親になって思い出されると、数十年ごしにショックを受けるのです。親としてあの言葉はひどい、あの行動はひどい。もしかしたら毎日ではなく1回きりだったかもしれない。けれど強烈に思い出されて苦しくなるのです。

あまり言われる機会は多くないけれど、子どものことはとても好きなのに、子育てがすごく苦しい人がいるということは、知られるべきであると思います。虐待からの回復や虐待の連鎖ではなく、自分の歴史と折り合いをつけて、

どう子どもと歩むことができるか。

　私は日本の子ども家庭支援センターの相談員に疲れすぎてしまうことがあるから使えるサービスがないか相談したときに、「かわいいのにねぇ」と言われた衝撃を忘れません。「かわいいのに」の言葉から受け取るのは、「かわいがれて当然」ということではないでしょうか。

　親をすることを支えるには、苦しい気持ちを受け取り、何ができるかいっしょに探すということが望まれます。

子どもの能力を引き出す教育と家族

　フランスでは産科、保健所、保育、3歳からの義務教育に専門職が配置され、子どもの教育と福祉とケアが行き届いています。専門職には子どもの権利が守られることを保障する役割を担わせています。親が相談したり困ったりするのを待つことなく、問題は専門職が取り上げます。保育園は保健所による衛生面や管理面の抜き打ち検査とは別に、毎週保健所から、心理士が半日と児童保護専門医が半日派遣されていました。自宅で子どもをみる保育アシスタントは子連れで集まる専用のスペースがあるので、そこでも同じように、保健所の目が届くようになっています。

　例えば、私が子どもが便秘がちであるのを知りながら放置した結果、切れて痛みをともなう事態になり、医師からとても怒られました。そのように後々もっとこうすればよかったと思うようなことはたくさんあるのに、薄々気づいていながら適切に対応できないことも多くあります。そんなときは、しっかり言ってくれる人たちでした。もし、子どもに医療が必要なのにかからない、手術が必要なのにしないときなどは、子どもの権利を守るために「心配な情報」をしてより密な支援の提案がされたり、医療やケアを受ける子ども専門裁判官の判決が出ることもあります。

その分、環境による障害が起きにくくするということと、障害に早く気づくことができるようにしています。障害がある際も、専門職が子どもの能力が最大限引き出される教育の場を探します。多く使われているのが、なかなか授業についていけないけれど、個別支援の資格をもった人がずっと隣に付いて代わりにノートを取ったりサポートしてくれると、安心して授業が受けられるというものです。意外と自信がつき、1年ちょっとで、サポートが必要なくなる子どももいます。よく怒る、よく泣く、たくさんおしゃべりをしているなどの場合に心理医療センターが対応し、そこの医師が、親子に必要なケアと医療と福祉をコーディネートします。

　おもしろいのは、親の心理ケアから始め、十分状況がわかってきてから子どものケアも始めることです。「医療化」の批判もあります。病名を付けて特別な対応をするのではなく、もっと時間をかけて見守ってほしいという主張です。

　けれど、日本の児童保護施設や生活保護で子どもたちが読み書きできないまま成人を迎えたり、障害の検査を親が拒否したままひきこもりになったりするのを見てきて、たとえそれがごく一部だったとしても子どもの成長や可能性や機会といった権利を奪うことにもなりかねないと感じていました。子どもの成長はどの親も望んでいるけれど、自分の子どもに障害があるのかもしれないという恐怖から抵抗することがあると思います。すべての子どもの権利を守り親を支えることができるために、その不安を乗り越えて話し合える専門性と枠組みは必要であると思います。

　もし、親の希望が子どもの権利をさしおいて通っているとしたら、その受け入れ機関はサービス業になっている可能性があります。子どもの権利が守られるためには、親の希望が何であっても、子どものより良い成長を第1に話し合えることが目指されるはずです（**図表2・3**）。

図表2 ◆ 専門職が子どもの育ちを見守る

生まれる準備

妊娠初期＝生まれてくる子どもの環境を整え、
**　　　　　心理的負荷少なく生まれることができるようにする**

> **妊娠初期面談義務：**健康面だけでなく心理面社会面でも支えが必要ないかチェックし、
> 　　　　　　　　　　　必要であれば支援する

> **婦人科検診、避妊、中絶、妊娠検査、出産は無料：**
> 産みたいタイミングに産めることでリスクを最小にする

> **保健所 (心理士、パートナー間アドバイザー、児童保護専門医)：**ニーズを把握して支える

子どもの成長を保障

子どものまわりに専門職を配置＝専門職が子どもの権利が実現されていることを確認

> **2か月半から保育：**心理士、児童保護専門医が保健所から巡回し子どもの発達状況を把握

> **3歳から義務教育：**すべての子どもに教育と福祉とケアが行き届いていることを保障する期間

> 健康診断は身体面だけでなく心理面学習面のチェックも義務

個性に合った成長を保障

特別なニーズには個別に対応し、才能が最大限引き出されるようにする

> 学習についていけない場合、3歳から個別指導員が隣について支える (AVS)

> 心理医療センターがセクターごとにあり、学校と密に連携し、医師が子どもと家族に必要な
> ケアをコーディネート (CMP)

> 13歳以降職業実習を重ね能力を活かせる職業を見つけるクラス (ULIS)

> 医師、言語聴覚士、精神運動訓練士、ソーシャルワーカー等多職種で総合的に子どもを
> 支える機関 (CAPP)

> ケアと教育が学校と家庭双方で行き届くよう包括的に支援する機関 (SESSAD)

環境による障害が起きないようにする。
障害が見過ごされることなく、早期に適切なケアが受けられ、能力が発揮できるようにする。
子ども専門裁判官が子どもの権利を守るため、支援やケアや医療を命令することもある。
＊親の反対があっても早期に専門職をつけるので「医療化」という批判がある ←→治る障害や行動トラブルもたくさんある。

パリ市での調査をもとに筆者作成

図表 3 ◆ 特別ニーズに応える体制

AVS：学習についていけない場合、3歳から個別指導員が隣について支える
CMP：心理医療センターがセクターごとにあり学校と密に連携し医師が子どもと家族に必要なケアをコーディネート
SESSAD：ケアと教育が学校と家庭双方で行き届くよう、ワーカーが行き来し包括的に支援する機関
RASED：学習に困難を抱える子ども包括支援チーム
CLAD：8-10人制適応クラス
SEGPA：一般学習と職業教育適応クラス
ULIS：13歳以降職業実習を重ね能力を生かせる職業を見つけるクラス
IME：医療教育機関
ITEP：セラピー、社会的教育、学習機関

Scolarité&Partenariat の資料を参考に筆者作成
元資料：Adaptation scolaire et scolarisation des élèves handicapés2

児童保護育ちのママ

●メイディンの子育て

　4年前に出会い、今でもかわいい子どもたちの写真をたびたび送ってくれるメイディンの子育てを紹介しましょう。メイディンは、5歳と2歳の2人の男の子を育てる22歳。外国生まれで児童養護施設で育ちました。6歳のときに特別支援教員をしている単身のフランス人女性が養子として迎えに来ました。その家には、別の国で養子として迎えた5歳上の兄がいました。以下、彼女から聞いた話の記録から紹介します。

生い立ちと出会い

　フランスで学校に通い出してもフランス語がわからず、すぐに落第した。母が自分の悪口を兄に言うのを見聞きすることがあったりして受け入れられず、外でも母から6メートル後ろを歩いた。学校から児童相談所に連絡がいき、そこで母が「もう耐えられない」「この子を連れて行ってください」と言ったので、私は里親のところに移った。けれど4人里子がいたうちの1人が子ども専門裁判官に里親に叩かれたと言い、自分は叩かれていなかったし大好きだったのに、その日のうちに他の里親宅に移る。次のところは、離れてから10年たった今でもいつも電話する「おばあちゃん」と呼んでいる里親宅。児童相談所のエデュケーターも7歳で保護されてから20歳まで同じ人が担当なので「お父さん」と呼んでいる。

　施設もすごく好きだけど、定期的に問題が大きい子どもが来て荒れたり、環境が悪くなることがある。里親もたいていはすばらしいけれど、1人自分の実子と差別した扱いをする人がいて、荷物をまとめて当日中に児童相談所に別の場所を探させた。里子ががまんしたら悪い里親はなくならないから、子どもがダメだと言わないと他の子どもを守れない。

けれど、愛を形にしたような人もいた。28歳から40歳まで4人娘がいて、5人目の娘のようにお姉さんたちも含めみんなでかわいがってくれたり、今でも相談できるおとなはいっぱいいる。

妊娠・出産、産後の資格取得

16歳で妊娠して、育てたいと思ったわけではないし、彼氏も連絡が取れなくなっていたけれど、なんとなく妊娠を継続した。13歳からセックスはしているし若く何も知らないまま妊娠したわけではない。いつか妊娠するかもしれないとは思っていたけれど、それがいつかは気にしなかったし、私も彼も望まなかったけれど、私は妊娠を継続したのだから、育てるのは私の責任。

里親は、「あなたがどんな選択をしても応援するよ」と言っていたから安心して過ごした。私は産後職業訓練資格の学校に通うのを再開し、資格も取得したし子育てもしっかりしているから、児童相談所の担当も私を誇りに思ってくれている。養親は「売春婦」って罵ってきたけれど、子どもにとっては私以外の唯一の親戚で、子どもに祖母がある権利を侵害したくないから会いに連れて行っている。1年しかいっしょに住んでいないし、その後も面会権があったけれど、会いたくなくて会っていなかったので、子どもが生まれて初めて、子どものために会っている。

兄も自分と同時期に施設に入ったけれど、1年しかいっしょに住んでいないこともあり、その後連絡は取り合っていない。19歳まで里親宅で子育てを続けた。里親は定年を迎え、私も子どもが2歳になったので独立した。もっと広いアパートも紹介されたけど、保育園を変えたくなくて、距離があったりして断り、今は16平方メートル。このまま広いところを見つけなかったら、もう1人産むよと児童相談所をせかしている。

養子縁組機関の専門性と養子のケア

養親は「私が迎えに行ったんだから、まずは私を受け入れなさい。あなた

メイディンは明るく友だちからひっきりなしに電話が来る。子どもとも、たくさん笑いながらボール遊びをしていた。メイディンは、母子生活支援施設も、保育園を変えないといけない立地にある広いアパートも断ったため、仮に単身用のワンルームにいる。

が私を受け入れたら、私もあなたを受け入れられると思う」と言っていた。養親は認定を受けるときに「私のしあわせのためです」とは正直に言わないはず。けれど養親認定をする人がプロだったら養親候補が何を思っているか、どのような価値観の人か、子どものために何かしたい人なのか見抜いてほしい。子どもからしたら失敗されては困るのだから。

　里親はプロだから厳しく見られているし、里親について里子が児童相談所などに苦情を言うこともできるけど、養親は素人。養子が来てから何が起こるかわからないから、里親よりもっとチェックしなきゃいけないのに。

　養親も里親も家、家で居心地よくないと、どうやって調子よく人生過ごすことができるの、どうして学校で頑張ることができる。里親だったら辞めさせられて無職になるけど、養親だったら「合わなかった」じゃ済まないでしょ、私はもうあの母親以外に選択肢はないんだから。

　メイディンは13歳でイスラム教に改宗し学校でヴェールを身につけて学

校とゴタゴタしたり、14 歳で実習費用をためて買った iPhone を盗まれ同じ施設にいる子どもにハサミで襲いかかりゴタゴタしたりして何度か受け入れ先を移っている。

● 新天地への引っ越し

　結局、80 平方メートルのアパートを他県で紹介され、職業訓練も建築関係の事務の仕事をできることになり引っ越しました。他県への転居の提案は多いのですが、いざメイディンが口にすると「誰も知っている人のいない土地で大丈夫？」と心配しました。メイディンはお友だちがとても多くてそれが大きな財産と私は思っていたからです。けれどケロッとしていて「どうせ家族もいないし！　パリでしかできないことはないの」と言います。すぐに移り、自分でかわいくアレンジした家の写真を送ってくれました。早くもう 1 人子どもが生まれ、現在も仕事をしながら、友だちの出入りが多くにぎやかに暮らしています。子どもを 2 人連れて旅行にも出ます。いっしょに公園に行っても他のパパやママとすぐに話せるとてもきさくな女性です。

　たくさんの出来事がある中で、自分を受け入れてくれるおとなたちから受け取れるものを受け取り、屈することなくおとなとも交渉し、自分の将来をつくってきているメイディン。

　未成年のときから、流水に身を任せる笹舟ではなく、自らの意思を表現し自分の人生を築こうとするモーターボートのように生きる姿勢をフランスの教育は感じさせます。

■ 参考文献……………………………………………………………………………………

安發明子、2023「フランスの子育て支援制度についての研究『親をすることへの支援』概念を中心に」日本社会福祉学会関東部会『社会福祉学評論』

フランソワーズ・ドルト
Françoise Dolto

Lorsque l'enfant paraît,
1977, Seuil

専門職が子育てを支える

　フランスの子どもの福祉分野で現在
の価値観や哲学に影響を及ぼした人物
として名前があがるのは児童精神科医、
精神分析家のフランソワーズ・ドルト
（1908-1988年）です。

　ドルトが1979年に立ち上げたパリ市
15区にある「緑の家」は、家族手当基金
が主な財源で、現在では全国に1500か
所、0〜6歳の子ども4000人に1か所とい
う基準で設置されています。子どもを遊
ばせながら常に3人いる心理士や小児精
神科医と話すことができる場所です。こ
の活動が公的なサービスとなったのは、
時の保健大臣シモーヌ・ヴェイユ（p.160
コラム4）の協力によるものでした。

　1984年から緑の家に勤務し、ドルト
と働いた小児精神科医アン＝マリーさん
に話をうかがいました。

子どもにまで精神分析を広げる

　ドルトの考え方は、子どもの表すすべ

てのトラブルは、幼少期からきている。
学校で問題とされる子どもの行動も、当
時気づかれなくても幼少期の経験に起
因している。0〜3歳のあいだに将来につ
ながる土台がつくられると考えます。フ
ロイトがおとな相手に広めた精神分析
を子どもにまで広げたことが、ドルトの
功績です。

赤ちゃんはわかってもらえると安心する

　緑の家で、生まれたての赤ちゃんに精
神分析家が話しかけるのを見て、親はど
のように話せばいいか知り、びっくりし
ます。泣き止まない赤ちゃんが泣き止む
のを見てびっくりします。説明し、赤ちゃ
んの気持ちに言葉を付けると、赤ちゃん
は自分はわかってもらえていると感じて
安心するのです。

　「赤ちゃんは何もわかっていない」と考
えている人がいます。生まれてすぐでも、
名前を呼ぶと自分が呼ばれていることを
わかっています。何回か名前を呼ぶと、

呼ばれていることがわかるから、顔をまるまるとさせます。

　ここに来る親たちは自分たちの子どもが思っていたよりもずっと良く反応し、理解を示すから驚きます。そして、子どもとの接し方について知る機会になります。

子どもとの関わりを支えてもらう

　子どもに説明しないほど悪いことはありません。子どもにとっては空から落ちてきたように感じ、そのショックは先々まで残ります。家族の秘密や死、家族が抱えている問題について説明されなかったとき、ショックを受けるのです。

　ここでは親たち自身が問題と思っていることや疑問についてまず話します。そのうち親たちは、ほかのことについても話すようになり、親自身で答えを見つけます。「子どもの言うことに耳を傾けてください。子どもは自分に何が必要か知っています。お腹がすいたり、してほしいことがあったら、言うはずです」と言うだけで解決することがあります。「自分は子どもの望んでいることを知ってる」ということに自信をもてていないということがよくあります。

　人は何かに従わないといけないとき、親としてするべきと言われるとき、自身の感情をだまします。その結果、自分にも子どもの気持ちにも耳を傾けるのを

忘れて、子どもの声を聞けなくなります。自分が他人に従ったり自己犠牲をすると、子どもにも自己犠牲を求めたり、人に従うことを無意識で求めることがあります。

自分が望む子育てを実現する

　問題があったり病気だから精神分析家が必要なわけではありません。

　母親は子どもを見るとき、同じ年齢だったときの自分を見ます。自分の子ども時代の両親との関係について解決していない問題が浮かび上がってくる、それが親であることの難しさです。

　自分の母親とのあいだに抱えていた問題は、自分の子どもとの関係のあいだで再形成されます。自分が感じている「難しさ」がどこから来るのか話すことができたら、理解し、状況が変わります。

　母親が変われば、子どもは母との関係性が変わり、子どもをとりまく環境も変わることになります。

　自分の親とまったく同じことをしてしまう、またはその真逆をする。その二択ではなく「自分はこうありたかった」という子育てができること。難しさの連鎖を止めること。自分が2歳のときどうしてほしかったか、どんなことを親に言ってほしかったか。自分のしたい子育てができることが大事です。

用語説明

●機関名／パリ市

妊産婦幼児保護センター(PMI Protection Maternelle et Infantile)：日本の保健所に相当。各区に1か所以上あり、妊娠中から6歳までの児童保護の要であり、医療的社会的予防活動を行う。妊娠届や子どもの生後8日、9か月、24か月の健診データが医療機関からオンラインで届くのを全件チェックし、必要に応じ主に小児看護師による家庭訪問を実施する。産後は赤ちゃんの体重を測ったり育児や健康相談に気軽に通える場所。児童保護専門医や心理士が担当地区の保育園を巡回したり、保育サービスの監視を担う。

家族手当基金(CAF Caisse d'allocations familiales)：健康保険の家族部門。家族手当や出産一時金、保育料、学童保育代、給食費の計算と請求、他の経済的支援(住宅補助、障害者保障や生活保護)の金庫番の役割。家族のサポートをするサービス(TISF派遣等)や「親をすることへの支援専門機関」の財源でもある。ソーシャルワーカーは両親が離別した家庭等に連絡をし福祉を届けたり、養育費の立て替えや代理請求、面会場所の運営も行う。「家族手当金庫」の訳と同一。

児童相談所(ASE Aide Sociale à l'Enfance)：直訳は子ども社会的支援。子どもSOSの調査の指揮はCRIP、支援内容の決定は子ども専門裁判官が行うため、保護決定後の措置先選びからフォローを行う。児童相談所が対応していない子どもであっても成長に必要な勉強机代、引っ越し費用、言語聴覚士代などの費用を家族に関わっているソーシャルワーカーを通じて支払う。

心配な情報統括部局(CRIP Cellule de Recueil des Informations Préoccupantes)：各県に設置されている、子どもの「心配な情報」を収集し、調査の指示を出す。全市民は、心配な子どもを見聞きした場合、誰もが連絡する義務があり、連絡しない場合には罰則がある。緊急性のあるものは検察官に連絡し24時間以内の保護、危険がないけれど心配がある場合は、主に福祉事務所や学校のソーシャルワーカーによる3か月以内の集中的な支援と調査がなされる。支援がうまくいかなかったり親の協力が得られなかったり状況がよくわからない場合、裁判官に判断を仰ぐ。

心理医療センター(CMP Centre Médico-Psychologique)：1986年から全国に設置されており、診断、ケア、在宅訪問を行う。精神科医、心理士、看護師、ソーシャルワーカー、精神運動訓練士、言語障害治療士などの専門多分野にわたるケアをする。医師が親子それぞれのケアをコーディネートするのが特徴である。最初のきっかけは、学校や保健所からの紹介であることが多い。グループ療法なども行う。

福祉事務所(SSP Service Social de Proximité)：直訳は身近なソーシャルサービス。生活支援や子ども家庭など部署を分けることなく、ソーシャルワーカーが家族全員のケアのコーディネートを担当する。

家族まるごと支える福祉

家庭にワーカーが通い、
家族のふだんの生活を
まるごと支える。

少しの支えで家族全員、安心できることがある

● 子どもと親が安心して暮らせること

　印象的な男の子がいました。小学3年生のケビンくん（仮名）は、授業中笑いを取ろうとするということで、「心配な情報」が県の専門部署に寄せられました。心配な情報が入ると、区の福祉事務所のソーシャルワーカーと学校ソーシャルワーカーの2人が中心となり、「3か月間の集中的な支援の提案」をします。ケビンくんは、お母さんは体調が安定せず寝ている日もあって心配だと言います。お母さんは、病院への往復に付き添ってもらうボランティアさんのおかげで、定期的に病院に通い服薬することができるようになりました。健康保険から社会家庭専門員が週2回来て、買いもの、食事の作り置きや掃除を手伝ってくれるようになり、お母さんの負担も減りました。ケビンくんは健康保険の家族部門が財源の「地域の家」で柔道とギターを習い始め、そこのエデュケーターたちがケビンくんの送り迎えをし、お母

◀ とびらに寄せて

　娘が3歳まで通っていた保育園の心理士はコロナで外出禁止になったときも、すぐにどう過ごしているか心配して電話をしてきてくれた。朝、保育園に送りに行くときに玄関にいて、話しかけてくれる、立ち話をする機会がたびたびあるので、ちょっとした心配ごとや日頃のストレスも話しやすい。今でも迷ったとき、アドバイスがほしいとき、うれしいことがあったときに電話をする相手。保育はライフスタイルに合ったものを両親の収入の1割の保育料で利用できる。

　写真は、娘がお気に入りのイラン文化センターのカフェにて。保育園時代の心理士さんと卒園後に異国情緒あふれるカフェでお茶をしているところ。

さんと顔を合わせる中で学校のソーシャルワーカーや社会家庭専門員と連携して、母子をサポートする体制になりました。ケビンくんは頼れるおとなたちに出会い、お母さんの心配も減りました。授業中落ち着いて座り、取り組めるようになり、3か月以内に集中的な支援は打ち切りとなりました。ネグレクト疑惑からの虐待通報、子どもの保護、ということに比べると、ケビンくんがいい子ども時代を過ごし、お母さんがより良い子育てができるよう支えるという発想です。

● 心配の4割は、3か月間の集中的な支援で解決

　もしもっと継続的に支える必要がある場合は、後述する「在宅教育支援」でエデュケーターが家族と毎週、いっしょに過ごし支援のコーディネートをする方法があります。けれど、「集中的な支援の提案」を担当するソーシャルワーカーたちは、少しの支えで解決することがあると言います。パリ市の心配な情報統括部署に問い合わせたところ、2020年に2192件「3か月間の集中的な支援の提案」を行い、40%はケビンくんのように、学校などの機関が今後もフォローする形で心配はなくなり終了。35%はフォローも必要なく心配がなくなったか、そもそも心配はないとわかり終了。残りの25%が支援の効果がない、もしくは心配が継続してある状況、あるいは心配な状況がよくわからないということで、子ども専門裁判官に判断を委ねています[1]。

　特に、親か子どもに病気や障害がある場合は心配な情報を待つことなく、関わりのある専門職から在宅支援の提案がされます。病気や障害がない場合に比べニーズがあることはわかっているので、困る前に困らないようにするのです。実際利用できる福祉サービスの種類は同じようなものが日本にあっても、違いは、親自身が探さなくても、専門職側が目を配りコーディネートする役割を担っているということです。

　心配な情報は、学校から来ることが多いです。けれど、その後の支援を

追うと「もっと勉強がんばりなさい」「授業中は集中しなさい」では済まなかったことばかりだということに気づきます。がんばりの強要が無意味なのは、人は誰しも常に最善の選択をしているから。誰もが最大限がんばっている。勉強に集中できない、授業中おとなしくしているのがつらいのは、その原因があるのです。うまくいっていないことのサインに気づき、よりよく成長できる環境を整えるのがおとなたちの役割なのです。

● 福祉があることと確実に届くことの分岐点

　日本でも、多くの子どもと親に関わる話だと思います。日本から「こういうことで困っているけれど、日本だとどこに相談すればいい？」という相談をよく受けます。「病気で体調が悪く子どもに辛くあたってしまう、叩いてしまうこともあり落ち込んでいる」…

　このようなときにフランスの心配な情報統括部署のように「ここだよ！」とさっと電話して「集中的な支援の提案」を受けられるという仕組みではなく、日本ではもっと複雑であると感じる機会が多いです。何か所も電話をしてもどこも動くわけではなく、「そもそもなぜ直接関係のない人が電話をしてくるのか、本人が直接相談に来るよう言ってください」と止まってしまうことさえあります。

　国際ソーシャルワーク連盟のソーシャルワークの定義の中で「この定義に反映されている価値と原則を守り、豊かにし、実現することは、世界中のソーシャルワーカーの責任です。ソーシャルワークの定義は、ソーシャルワーカーがその価値観とビジョンに積極的にコミットする場合にのみ意味があります」と書かれています（p.9「ソーシャルワークとは？」参照）。福祉の実現、それを担っていると自負し、利用者の問題が解決されるまで積極的なソーシャルワークを続けることができるかが、福祉が「届く」かどうかの分かれ道なのではないでしょうか。

ひとりの人間として認められてこなかった私たち

　フランスの在宅支援に関心をもったのは、まずはその支援を担っているエデュケーターたちが、自分が子どものときに出会いたかったすてきな人ばかりだからです。子どもの話を聞き対応する姿、子どもの感じている困難や子どもにとっての心配事を想像し、より生きやすくなる方法を探す姿を見るたびに、鳥肌が立ち涙が出るくらい感動する瞬間がたくさんあるからです。家庭内の一人ひとりの話を聞き、一人ひとりの希望がかなうよう助けようと奮闘しています。

同じ価値観や哲学があってこそ協働できる

●子どもの権利を守る話し合いの土台をつくる

　フランスにあるサービスで日本にないものは、ほとんどありません。けれど、福祉が届いていない子ども、権利が守られていない子どもが日本にはたくさんいる。それは子どものせいでも親のせいでもありません。このようなことがあると知った私たちが権利を守るためにできることをしていかなければなりません。

　日本の福祉事務所で生活保護担当として働いていたときにいちばん不足していると感じたことは、価値観や哲学の共通の土台です。共有する価値観としての土台がないところでは、議論することも連携することも不可能です。子どもの権利を保障するための一歩も進めることができない。部署内でも、連携先とも、家族とも、とても協働できない。

　母子家庭のお母さんは一生懸命働いていました。けれど、仕事のあまりない土地で小さい子どももいたので、ラブホテルの清掃の仕事をしていました。夜から朝方にかけて呼び出されるごとに自転車に乗って清掃に行く。朝

寝ていて子どもたちは徐々に学校に行かなくなりました。学校に相談の電話をしたところ、「そっちがちゃんと仕事しなかったから学校に来ていないんだろ！」と怒鳴られます。就労先を見直すことについては、上司が「働けているんだからこちらが口出ししてやめたらどうするんだ」と止めました。

14歳の少女が出産しました。日中家を通りかかると新生児が1人で家にいて他に誰もいないのが網戸越しに見えます、犬と猫があやしているものの赤ちゃんが1人です。家で日中みられる人がいないということで児童相談所に連絡しますが、虐待にはあたらないから福祉事務所でみるようにと言います。保健師に頼んでいっしょに赤ちゃんを見に行ってもらいましたが、「体重は問題ないし、肌もきれい」と、問題がないので児童相談所に報告するような書類は書けないと言います。

母子家庭で子ども4人と母親が1日中カーテンも締め切り、万年床で寝転がってテレビを見ている家がありました。大きい子どもとお母さんは100キロ近いほど大きく、1日寝ているので褥瘡があり痛くて歩けないという理由で学校に行っていませんでした。家庭訪問をすると「次来たら刺すからな」と脅され、子どもの学校や将来について話すことができません。

ワンルームに住んでいる母子家庭の中学生の娘が夜駅前にいます。母の彼氏が家にいるから帰りたくないと言う。施設に行きたいと言いますが、母は彼氏の存在も否定し反対します。児童相談所は虐待案件ではないと言う。上司は福祉事務所の判断で施設に入れる方法はないと言います。

● 専門職が実現する福祉

日本とフランスではほとんど同じ、福祉サービスが存在します。けれど、日本では家庭環境が直撃する子どもに、福祉のソーシャルワーカーが担当にいてもソーシャルワークは存在しないようなものでした。その原因は、福祉の枠組みはあっても哲学や価値観が判断や議論の土台として不足していることだと考えています。「子どもにとってより良い環境」を共通の目的として

子ども、親、学校、福祉が同じテーブルを囲んでいなかったのです。

「たまたまうまくいっていない自治体しか見ていない」という批判はつきものです。けれど、子どもの権利を守るためには、1％でも調子の悪い、機会が制限された状況にある子どもがいたとしたら、とことん議論するのがおとなの務めです。子ども時代はやり直せません。けれどその影響はとても大きくハンディは先々まで及ぶこともソーシャルワーカーたちはわかっているのです。

　日本には社会福祉士が約25万人、精神保健福祉士は約10万人いるそうです。フランスのエデュケーターは6万2000人です。子どもに関わる人数はこの一部だったとしても、力を合わせて子どもたちを守るための動きをしていける人数は十分いるようです。

日本には助けを待っている子どもがたくさんいる

● 日本の現場で専門職が問題提起していく

　おそらく私が海外から、日本に向かって「このように変化させていこう！」と声高に言い続けているから、日本から成功している話よりも乗り越えられていない困難についての話のほうが届く部分はあると思います。

　例えば、ある児童相談所の方は、養育能力に困難のある家庭が多いことが課題だということでした。ある家庭で、母親のパートナーによる2人の娘への性暴力が発覚し、娘たちは保護、母親はパートナーと別れました。しかし、母の調子が悪くなり片づけられない、料理も作れなくなりました。娘たちは帰宅を希望していて母親も娘たちが保護されたことをとても気に病んでいます。

　けれど、現在養育能力が十分ではないので1か月猶予を与え、改善できたら帰宅を認めるという判断をしたと言います。フランスであれば、もう家庭に危険はないので在宅支援です。母親も傷ついている、養育能力を求める

よりも母親の力が発揮できるよう支えます。片づけは手伝えばいいし、料理は週3回作り置きをする人が行けばいいのです。それで、母親も子どもたちを愛しみ、子どもたちも母親と新しい生活の中、自分たちを築いていくことができるのです。

　2つ問題があると思います。1つは権利侵害です。危険がないにもかかわらず引き離していることの正当性が十分ないのではないかという点。そして2つ目は現在の措置が親子それぞれの力を発揮する方向性にないことです。

　フランスのエデュケーター専門学校でくり返し毎回言われたのは、「人は常に考えうる最善の選択をしている」ということです。片づけられない、料理できない、できたとしたらしていたはずです。できていないことは手伝えばいい、それでいっしょに暮らすことができたら親子ともにずっと早く調子を回復し、しあわせを築き直すことにつながるでしょう。家族まるごと支える福祉について、背景から具体的実践まで書いていきます。

「親をすること」への支援

●子どものより良い成長を親とともに願う専門職

「支援」をどのように打ち出すかに力を入れているのは、その意図が十分伝わらなければ、やはり他人が家に入ってくる、家族のことについて話すことは抵抗があるものだからです。けれど、親は誰しも子どものしあわせを願っていて、子どもにはよりよく成長してほしいと思っている。親のことも手伝いたい意思があるよという気持ちが伝われば、話し合えないことは絶対にないとフランスのエデュケーターたちは言います。

　子ども家庭支援の軸となる概念は、「親をすることへの支援」です。「親への働きかけを行うことの法律」は「家族の持つ資源と子どもの置かれた環境についてまず働きかけを行う。親が直面している困難を理解すること、そして状況に適した安心して利用できる支援を紹介すること、紹介だけでなく実

行し親が教育的責任を全うできるよう支える」と定めています[2]。

　国の定義としては2011年に「親をすることへの支援国家委員会」が「親をすることは、親としての機能の物理面、心理面、精神面、文化面、社会面といったさまざまな側面を結び生かすプロセスである。どのような家族構造の中においても、子どものケアと成長と教育を保障するために、おとなと子どもの関係性に働きかける」としています[3]。2022年3月9日にも保健省は「親をすることへの支援憲章」を省令として発布しています。

　フランスにおいては重要なトピックについて専門部署を設けることによって、定められた内容が全国において、関連する全機関において多機関縦横し実施されているかを監視したうえで提言し、コーディネートできるようにしています。新しい法律や制度が絵に描いた餅にならないよう、実施までを見届ける人を置くのです。各該当機関にとっては実施のうえで相談したい内容についての連絡先が明確であるというメリットがあります。

　ですから、この概念についても保健省に「家族、親をすることの支援デスク」があり、「親をすることへの支援国家戦略」を立てています。その戦略には、以下のように書いてあります。

「親を支えることで子どもの不登校、精神的な問題、行動障害、注意力不足、暴力、リスクを伴う性行動を防げることが実証されている」

「子どもをケアするために親を支えるのは国の役割である[4]」

　実際に福祉事務所や在宅支援機関で調査をしていてわかったことは「親をすることへの支援」は「子育てを専門職が協働して支えること」を指していました。子育てにおいてうまくいかないことがある、親の課題が解決しておらずその影響が子どもとの関係に及んでいる、というときに政策として方法を用意していると言うことができます。親が調子が悪くて片づけられない、料理が作れないことに対し親の努力と責任を求めるのではなく「いっしょにより良い方向に改善させていけたらいい」というアプローチです。

●すべての子育てを対象として問題を予防する

「親をすることへの支援」は、「困難を抱えた親」に限ることなく、すべての親を対象としています。親が困難を抱え、親から相談するのを待つことなく専門職が目を配り、指針に基づき問題が起きる前から支援を提案し、親とのあいだの認識の相違があればすり合わせが行われます（図表1）。

　保健省 IGAS によると「親をすることへの支援」は、子どもが社会的養護が必要になることに比べ、9000分の1のコストで済むとしています。パリ市児童保護監察機関によると、児童相談所によるフォローが必要になると、平均的な支援期間で計算すると月5時間から週1回ソーシャルワーカーが家族と過ごす在宅教育支援で子ども1人あたり約67万円、施設（里親）入所になると1人平均約2700万円かかるとのことでした。在宅教育支援は月5時間5万4000円で家族全員に関わることができるのに対し、保護の場合子ども1人あたり月70万円、さらに心理ケアなど治療費や親への支

図表1 ◆ フランスの福祉は全員対象

フランスの福祉は、問題の有無にかかわらず、全員を対象としている。本人の申請・手続き不要。
成人の12%が未成年のとき継続的な暴力被害にあったと回答している（保健省報告書）ため、
そもそもすべての未成年が暴力にあわないことを目指す。

調査をもとに筆者作成

援も別にかかります。「子どもは好ましくない環境で育つ時間が長いほどリカバリーに時間がかかるとされているため、予防の時点で集中的にケアをし、保護の必要がないようにすることはコスト削減につながる」という認識は、現場で共有されています。

問題がなくても利用できる在宅支援

● 産科から提案される支援

在宅支援は4つの柱からなり、社会家庭専門員による「家事育児、家庭支援、ソーシャルワーク」、エデュケーターによる教育支援、経済的支援、そして家庭経済ソーシャルワーカーによる家計管理支援です[5]。このうちのいくつかを組み合わせ、保健所の小児看護師の定期的な訪問や福祉事務所や学校のソーシャルワーカーの対応よりも継続的にしっかり家族に入る形で支

図表2◆在宅支援の財源と目的

健康保険の家族手当基金(1947年〜)
誰でも希望者は利用できる
妊娠中、産前産後、双子、三つ子
離別後、ひとり親家庭、家族の死別後

健康保険の傷病部門(1947年〜)
子どもか親の障害や病気

児童相談所、保健所(1974年〜) 教育的支援
学習の遅れ、不登校、子どもの攻撃性
子どもの生活リズムや栄養に配慮が必要なとき
衛生面、親の失業、借金、家のメンテナンス不足
施設や里親宅からの一時帰宅中

出典：Bernadette Bonamy,
　　　Technicien de l'intervention sociale et familiale, 2007, érès

援することを目的としています。

　在宅支援は主に2つの段階で行われています。まずは問題がなくても利用できる在宅支援です。国家資格社会家庭専門員が担い、主に民間の在宅支援専門機関から派遣されます。3つの機関が発注元であり財源となります（図表2）。

自分が育児初心者であると気づく機会

　私がこの制度を知ったのは、妊娠初期面談でのことでした。妊娠初期に健康面だけではなく社会面心理面で心配がないか支援が必要ないか確認することを義務づけているものです。産科で医師と入れ替わりにソーシャルワーカーが診察室に入り「移民夫婦で、ご家族が近くにいないというのは孤立リスクがあります」「夫がサービス業で土日いないということは、母子2人で終日過ごすのはたいへんですよ」「必要がなくても1日2時間、赤ちゃんを抱っこしてもらって、家事を手伝ってもらってください。そのあいだにゆっくりお風呂に入る、お友だちと電話する、本を読む、好きなことをする時間を取ってください。赤ちゃんにとってママが疲れていない、したいことができているというのは、とても大切なことです」という話をされました。まだ産後の心配もしていなかったのにそのように言われ、自分が初心者で何も知らないことを思い知りました。言われなかったとしたら、赤ちゃんと2人の時間をもし負担に思ったとしても、それが移民夫婦で家族が近くにいないから、週末は母子2人きりだから、自分が疲れているからと思い至ることもなく、ただ自分が母親に向いていないと思っていたかもしれません。

　サービス提供側からすると、たくさん助けてもらった、専門職が頼りになった経験をしてもらうことで、状況を悪化させる前に相談する習慣をつけようとしていると言うこともできます。

毎日の生活を支える

　私が初めて実際に社会家庭専門員に会ったのは産後に持病が悪化した日本人の友人のお見舞いに行ったときでした。彼女は寝ていないといけなかったので、毎日午前と午後、半日ずつ2人の社会家庭専門員が来て、赤ちゃんの父親が帰宅するまで、母子だけにならないようにしていました。病気のためなので費用はかからないと言っていました。この制度があることで父親はフルタイムで働き続けることができていて、父親の実家はすぐそばなのですが、父親の両親に助けを頼む必要なく過ごせているということでした。日本であれば実家にもどり父親と別居し、実家の祖母が赤ちゃんと娘をみる。実家に頼れない場合はとても困ったのではないかと思います。

　本人は、担当の社会家庭専門員がパスタのソースも手作りではなく瓶に入っている出来合いのものを買ってくることがあるということで、担当替えを頼んだり満足していないと話していました。他の友人も、親ができるのに親の代わりに子どもを連れての買いものが頼めないなどの制約があることから、結局サービスの利用をやめベビーシッターに切り替えていました。けれど、家庭で育児を支える方法があれば「養育能力不足」といった事態は防げます。

保護の必要や虐待は、福祉に不足があったということ

● 子どもが望まない限り、親子分離せず家庭内で支える

「虐待件数が増加の一途」といった表現がされますが、それは虐待する親が
増えたわけではありません。親への支えが十分ではなく、親たちが追い詰め
られ他の方法をとることができずに子どもが犠牲になっているということで
す。つまり、親に対する福祉に不足があったということです。年配の先輩に
「私たちの時代はサービスなんて何もなかった。けれど4時間睡眠でも必死
に育てたし愛情を注げていた」という言われ方をすることもあります。人が
ストレスを感じる環境は、複雑な要素が絡み合っているので、なぜその人に
できて今の私たちには難しいのかはわかりません。「人は常に思いつく限り
の最善の選択をしている」の原則に立ち返ると、親が追い詰められて子ども
が犠牲になっている事態があるので、追い詰められない状況をつくっていく
ことが、私たちにできることです。

　フランスのワーカーたちは、「家庭内で支えることで親子分離が必要なく
なることを目指す」と言います。もちろん、子どもが家を出たいときは別の
場所で暮らす選択肢があることは大事ですが、そうでない限りは家庭内で支
えます。

　日本で施設や里親のもとで暮らす子どもたちは、未成年人口の 0.2% しか
いません。それに対し、フランスは 1% です。親自身の事情や希望による場
合を除き、95% は子ども専門裁判官が子どもと直接 15 分は 1 対 1 で話し
たうえで、原則半年か 1 年の期限付きで決定します。期限が終わる前に再
度裁判で状況の変化を確認し最適な方法を決めます。1 年間親が積極的な親
役割を果たさない、果たしたいという意思を見せない場合は、親権放棄とし
て養子縁組可能か検討する委員会が各県で開かれます。

●危険がある状況が生じないよう予防する

　未成年人口の 1% が在宅教育支援を受けています。その在宅教育支援も 7 割は司法決定により、1 年半から 3 年以内に必要なくなり支援が終了することが多いとされています。

　専門職がすべての子どもを見守り、危険があると「保護」、心配があると「予防」というくくりとなります（図表 3）。「予防」には在宅教育支援や、日中一般の学校の代わりにエデュケーターたちがいる学校に通ったり、毎日学校帰りに放課後寄って宿題やアクティビティをして週末親子いっしょにお出かけなどをする日中入所も含まれます。また保護であっても、子どもがいる自宅に、子どもがいる時間帯は毎日、エデュケーターがいっしょに過ごす

図表 3 ◆ 全員を対象とする福祉と社会的養護

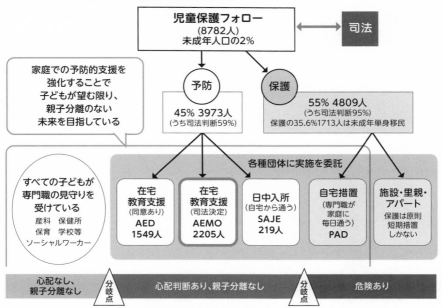

統計データはパリ市（2020年12月31日における該当者数）
調査をもとに筆者作成

自宅措置も、最近では優先されて選ばれています。在宅教育支援は月に子ども1人あたり5時間～週1回、自宅措置は毎日いっしょに過ごします。在宅教育支援の場合ワーカー1人あたり26人、つまり10数家庭を担当、自宅措置の場合は1人7人、つまり2～4家庭を担当という計算です。

　日本ではこの予防の部分が弱く、かつ**図表3**のいちばん左のすべての子どもの見守りも不登校や就学前など十分専門職の目が届いていない子どもがいて、子どもの成長する環境が十分保障されていない状況であると感じています。

心配がある家庭を対象とする在宅教育支援

●子どもの権利保障のために司法を利用

　誰でも利用できる在宅支援と違い、すでに子どものことを支援している学校や福祉事務所のソーシャルワーカーが必要と判断したときに提案されるのが、在宅教育支援です。民間の在宅教育支援機関に所属する国家資格エデュケーターが中心となり、県の児童保護分野の予算で家庭に派遣されます。親自身が希望して利用開始することもありますが、ほとんどの場合はすでに関わりのあるソーシャルワーカーが提案しており、利用している家庭の3割は親が同意しサインして開始、7割はこれまでの支援が有効ではなかった、親が協力的ではない、状況が十分確認できないなどの理由で、子ども専門裁判官が支援を決定しています。子どもの権利を保障することを目的として、司法が利用されている点が注目に値します。

●「心配」を基準に支援を開始できる

　心配であるという状況は市民法375条が根拠になっていて「子どもの健康、安全、精神面が危険やリスクにさらされているか、子どもの教育的、身体的、情緒的、知的、社会的発達状況が危険やリスクにさらされている場

合」ということになっています。

「子どもSOS」とインターネット検索をするとパリ市のホームページが出てくるのです（2章図表3参照）が、顔色の悪さや内気であることなども対象になっています。子どもに関わっているおとなの感覚でいいので、証拠もいらず、家族に対しても「こういう点が心配なのです」と支援の提案から話し合いをすることができます。

ソーシャルワーカーたちは、どの親も全員が子どもにはより良い成長をしてほしい、しあわせに育ってほしいと思っているものなので、文化が違っても言葉が通じなくても、協働できないことは絶対にないと言い切ります。

複数のおとなで育てる

● 親役割の実践を支える

私が在宅教育支援を知ったのは、施設にいる子どもたちの多くが施設に来る前に経験していたからでした。「エデュケーターが家に来て、いっしょにご飯食べたり、週末にお出かけに連れて行ってくれたり、旅行も行ったよ。お母さんは旅行に連れて行ってくれたりしなかったから、お母さんもいっしょに海に行ったのがすごく好きだった」なんておもしろい職業だろう！子どもからは親戚のおじさん、おばさんみたいと表現されることが多くありました。「養育能力に問題」や「虐待疑惑」といった想像力のない突き放しをしないで、苦手な部分を専門職たちが支えている、これこそが福祉じゃないか。誰もが必死でがんばっている、できる限りのことをして生きている、批判してもストレスを与え傷つけるだけ。「親役割の実践を支える」この活動がとても気に入りました。

実際、虐待というのは親を十分支えることができなかった結果、起きています。支えることができなかった福祉が、虐待を生んでいるのです。

現場職員たちは在宅で支えることで子どもが望む限り、親子分離させない

世界を目指しています。実際、危険がある場合も施設か里親かではなく、自宅措置という、子どもが自宅にいるあいだ中、ワーカーが家庭でいっしょに過ごす方法が優先されるようになってきています。

家族それぞれの優先順位に合わせいっしょに解決していく

● サンバの家族の場合

　私が最初に訪問して印象に残っている家庭について、紹介します。

　きっかけは、8歳の男の子サンバ（仮名）が学校に遅刻することがたびたびあったことでした。そこで、学校のソーシャルワーカーが「心配」な情報の連絡をし、福祉事務所のソーシャルワーカー2人が中心になり3か月以内に集中的に支援の提案が行われました。子どもそれぞれと1対1で何度も話す機会をもち、親とも話し、それぞれの子どもや家族と関わる専門職とも話す機会をもったうえで情報をまとめ、サービスを複数試していきます。

　その結果、3か月以内に心配がなくなる状況となれば、支援は終了しますが、継続的な家庭内の支援が必要と専門職が判断したり親から頼まれたりすると、在宅教育支援を開始します。支援内容を4-6項目指示することもあります。サンバの家庭では3か月の調査の段階で、14歳のお姉さんが弟妹の世話を母に期待されていたこと、母に叩かれたこともあることがわかりました。2歳、5歳、8歳、14歳と年齢のさまざまな子どもがいることで、朝がバタバタしてイライラしてしまうことがあると母親は言います。

　そこで毎朝、在宅教育支援機関から社会家庭専門員が家族を訪れ、学校に行くしたくを、夕方は同じ機関からエデュケーターが訪れることになりました。特に夕方は、母親が1人の子どもを歯医者に連れて行っているあいだに他の子どもたちの宿題をみたり、母親のサポートをします。

　実際には母親から、「子どもが父親のところに会いに行くけれど、私は父親に会いたくないから代わりに連れて行って」「隣人が騒音について文句を

在宅教育支援 ◆ サンバときょうだいの場合

月	火	水	木	金	土
7:30-9:00 社会家庭専門員 お母さんといっしょに子どもを起こし、朝食を食べさせ、学校に連れて行く					
保育園、学校 (給食)		事務所で遊びの会	保育園、学校 (給食)		エデュケーターによる屋外でのアクティビティ (ハイキングやスポーツなど)
17:00-18:00 エデュケーター 子どもたちの宿題、翌日の準備、母親の行政手続きの手伝い等					

言ってきているから、話をつけてきて」「水漏れの工事を大家がなかなか進めないから、終わるようにして」とさまざまな要求があり、それもいっしょにすべて解決していきます。

「母親があなたのこといいように使っていると感じない？」と聞くとエデュケーターは、「ストレスに感じていることが全部解決されていくと、そのうちもっと余裕が出る。もっとしたい子育てができる。もっと大事なことも話してもらえるようになる」「悩みごとが同時にたくさんあると、人は全部そのままにしてしまうことがある。けれど、1つずつ解決されていくと、自分でももっと積極的に、自分の人生の舵を切ろうとする意欲が出てくる」「解決までのプロセスを全部いっしょにすると、2回目3回目は知らず知らずのうちに自分でできているということがある」と笑顔で答えていました。

家庭と社会をつなぐエデュケーター

さらにグループ支援もしています。水曜の午後は在宅支援事務所でおやつをふるまい、同じ年齢の子どもたちとゲームをしたりして遊びます。その中でコミュニケーションのルールを教えたり、集団の中での子どもを観察することができます。親も参加したいときは参加し、他の親と話す機会もありま

す。土曜はお出かけをします。子どもたちが行きたいところの中から１つ選び親といっしょに計画を立てます。予算、交通、情報収集をして持ち物の準備もします。近所の公園に行く習慣もなかった家族は多いものです。子どもの希望に合わせ、図書館、博物館、動物園と行動範囲を拡大していきます。可動性という言葉が使われていました。移動できる範囲がとても狭い家族が多く、親の中には、子どもの学校から事務所に来るにも、１回家を通らないと慣れていない道は心配で難しいという人もいました。

子どもの帰宅時に、きのうよりいい時間を過ごすためのソーシャルワーク

　子どもが学校に行っているあいだ、お母さんは在宅教育支援の心理士との面会が週１回、そして地域の家や親クラブの活動にも参加していました。前者は家族手当基金、後者は児童相談所の予算で開催されているものです。

　地域の家は日本の児童館のようなものですが、子どもの習い事と同じように日中は親たちの時間を設けていて、この母親はエステやマッサージ、呼吸法のクラスに来て、無料でケアやレッスンを受けます。親たちが自分のケアをする時間をもつ、自分のための時間を過ごすことが非常に重要とされているからです。そこにもエデュケーターがいるので、毎週通い、いい時間を過ごすなかで、主に子どものために来る在宅教育支援のエデュケーターとは違った関係性を結ぶことができます。誰が担当かどうかではない、親と子どもたちそれぞれが合う専門職とどこかで出会えればいい、誰かに大事なことを話せていればいいという考え方です。

　親クラブでは、心理士がファシリテーターとなり、他の親6-8人と、例えば「子どもとの関係性の中で頭に血が上った瞬間」について、それぞれが事例を紹介し、親たちでどんな対応ができるか話し合うといったクラスに参加していました。「4週連続で携帯やテレビ、ゲーム、インターネットなどの家庭内のつきあい方を整理し、来月にはもっと気持ちよく過ごせるようにしよう」という企画もありました。初回は家に何個画面があるか数え、10

を超える家庭もあって笑い合っていました。元気が出て余裕が出てきたら仕事の話もするだろうけど、まずはお母さんの調子が良くなることから。お母さんが言い出さない限り、仕事の話をこちらからするつもりはないと言います。後のち、職業訓練に通い、歯科技工士の資格を取る人もいました。

● ジャスミンの家族の場合

　ジャスミン（仮名）は母が妊娠中、望まない妊娠であること、地下にある部屋に住んでいて育児環境に向いていないことを産科のソーシャルワーカーが知り、出産に向けてアパートの手配とソーシャルワークが開始されました。ジャスミンの父と母の仲は不安定で、父から母への暴力もあり、母が逃げ帰る実家でも母はその父から暴力を受けていました。その後、ジャスミンの言葉の習得が遅く、耳に問題があるのに母親が医療的な手続きを進めないため、耳の手術の命令も、子ども専門裁判官によって出されました。

　私がジャスミンに会ったとき、ジャスミンは5歳ですでに、2年間在宅教育支援を受けていて、毎日どこかしらの専門職がジャスミンといっしょに過ごすプログラムが組まれていました。記録では、以前は母親は調子が悪いとジャスミンの話しかけに答えることもせず壁を見ている。ジャスミンが怒って母の髪を引き抜き母が泣く。母親はジャスミンに風邪薬を飲ませて寝かせ、病気で学校に行けないと言うなどといったことも起きていました。学校で給食も食べさせず、放課後クラスにも行かせない。そしてジャスミンも、母が心配で活動に集中して取り組めなかったようでした。

　精神面のケアを拒否していた母親は、ジャスミンがかかっている心理医療センターに交代でかかり、エデュケーターとジャスミンが遊んでいるあいだにケアにつながりました。社会家庭専門員が食材の買い出しと作り置き、公園に行ったり図書館で本を借りたり親子でできる活動をいっしょに行う、行政手続きや書類のサポート、母子間の距離の調整、サイズや季節に合った洋服を整えるなどの生活の支えに取り組みました。

在宅教育支援 ◆ ジャスミンの場合

月	火	水	木	金
学校	学校	学校	学校	学校
給食	家	家 社会家庭 専門員	家	給食
学校	学校		学校	学校
心理医療 センター	放課後クラス		心理医療 センター	放課後クラス
社会家庭 専門員			母 心理医療センター ジャスミン 在宅教育支援	

　担当は「親に病気や障害がある場合など、子の成人まで支援が必要なケースもある」と話していましたが、なんと翌年には支援は終了しました。親子ともに自信がついて自分たちで自立して生活でき心配がなくなった、ジャスミンが成長し母も娘のようすに安心し2人とも元気になったそうです。

●子どもに「頼れるおとな」をつくる

「頼れるおとな探し」はさらに重視されていて「電話帳づくり」という言い方もされていました。家庭外に頼れるおとなが少ない子どもが多いので、子ども一人ひとりについて、地域の家や路上エデュケーターなどさまざまな機会や出会いを意識的につくり、在宅教育支援終了に備えます。それぞれの子どもが頼れるおとなを何人かもっていれば困ったときに相談できます。

　エデュケーターといっしょに家庭訪問すると、子どもたちが飛びついてくる光景をよく目にします。親が1人の子どもにかかりきりで、他の兄妹はおとなに甘えたり話したりする機会が、とても少なかったりします。また、母子2人で病気の母親に気をつかって、子どもがわがままを言う機会がなかったりします。子どもたちからは、「エデュケーターは自分の話を存分に聞いてくれる人」という喜びを感じます。

上2枚：在宅教育支援機関が所有するマンションの室内。

左：離れて住む父や親戚との時間に、エデュケーターが立ち合うときなどに使う。

右：エデュケーターが宿題をみたり、子どもたちを集めて料理や絵のアトリエを開いたりする。

左下：機関が所有しているマンションの外観。自宅か在宅支援機関か外だけでなく、マンションの一室も家族と過ごす場所として多く利用されている。

週1回いっしょにおやつを食べて宿題をしたり、離れて住む父といっしょに料理をして食事をする時間を過ごしたり、子どもたちはリラックスして過ごせると人気。

右下：在宅教育支援機関のエデュケーターのデスク。親子が直接話しに来たり、子どもたちとレストランに行ったり出かけることも多いため、席に座っている職員は少ない。報告書執筆のときは、週2日ほど在宅勤務する。

支援につなぐ「心配」の入り口

● 子どもの心理的な症状をもとに協働を始める

　支援の入り口は学校であることが多いです。他にも、夫婦げんかの声がするといった通報などもありますが、その後調査した結果、学校でも子どもの心配な状況が記録されていると、裁判の際は重視される論拠になります。市民法375条の心配の要件にひっかかるからです。子どもの調子についての専門職の記述や表現が重視されているのも注目に値します。「火の消えたような」「学習に困難があると表現することでうまくいっていない状況を伝えようとしている」などの記録が裁判判決文には引用されています。

　子どものより良い成長という点では必ず親と話し合えること、心配が理由であることで「支援」という形で関わることができる点がポイントです。

● チームで家庭を支える

　裁判官はパリに5つある支援機関の1つを指名し、判決文に3-6個くらい1年間の支援目的を書きます。担当チームは支援機関で決めます。エデュケーターを中心に、ソーシャルワーカー、社会家庭専門員、学習エデュケーター、幼児エデュケーター、心理士2人、小児精神科医、異文化出身の家庭を支える異文化メディエーターなどで1つのチームを形成します。心理士以下は週1-2回1つのチームとともにいることで、いくつものチームを支えられるようにしています。

　親と子どもからすると、チームのメンバーはある程度知っていることで、それぞれ話しやすい人と話せればよいと考えます。ワーカーからすると、チームでの決定なので個人として家族とぶつかることを防げます。チーム内で役割分担をして、厳しいことを言う担当とその後のフォローをする担当といったチームプレーもよく見られます。チームは親と子どもと判決文をもと

にそれぞれが 1 か月以内、1 年以内の目的、それまでに成し遂げたいことを書き出し、合意したうえで支援を開始します。学校や医療機関、地域の習い事などとの会議も開始時と支援期間修了前の最低 2 回は行います。

● 子どもも一人ひとりのニーズを受けとめる

その後は状況に応じていちばんいい方法をとります。子どもたちは学校で給食を食べる代わりに、ワーカーに連れ出してもらいレストランでランチを食べるのを楽しみにすることが多いです。放課後に迎えに来てもらって公園に行ったり、支援機関が持っているマンションでお菓子作りをしたり、宿題をみてもらったり。週末に親子とワーカーでハイキングに行ったり、長期休暇には旅行も実施したりします。親は特に最初は頼み事をたくさんしたりする人がいます。家の水漏れを大家が直してくれない、今月の給料がいつもより低い理由を雇用主に電話で聞いてほしい、といったことです。

悩みの大きい順に 1 つずつ解決していったら、子どもが家に帰ったとき、きのうよりリラックスした気持ちで子どもと過ごすことができる、そういう支えを目指しているとワーカーたちは言います。

■ 注

1　2022 年 3 月 14 日、パリ市心配な情報統括部署へヒアリング
2　社会福祉家族法 L.112-3 条
3　保健省の社会問題観察機関である IGAS、2013 年、Evaluation de la politique de soutien à la parentalité.
4　連帯・保健省、2018 年、Stratégie nationale de soutien à la parentalité.
5　社会福祉家族法 L222-3 条

■ 参考文献

安發明子「フランスのソーシャルワーク（6）フランスの在宅支援を中心とした子育て政策」対人援助学会『対人援助学マガジン』第 51 号 2022 年 12 月

シモーヌ・ヴェイユ
Simone Veil

映画「シモーヌ フランスに最も愛された政治家」日本公開2023年7月28日、オリヴィエ・ダアン監督／フランス公開2022年
本書では映画での名前の表記「シモーヌ・ヴェイユ」にならっていますなお、哲学者のWeilは別人である

左：LEGENDE, "Simone Veil", 2023.03, LGND éditions
右：Simone Veil, 2007, Une vie, edition stock／自伝

ヴェイユのたたかいへの敬意

　フランスの子ども家庭福祉分野を訪問すると、省や県の責任者、裁判官も含め女性が多い。7割は女性なのではないでしょうか。そしてその女性たちの自信に満ちてたくましいこと。子どもに適した福祉を実現する方法がないときも、あちこち電話し「実現できないなんてことがあってはならない」と奮闘します。

　1970年代以降の現場を担う人たちの力の蓄積で今の福祉があります。その中でも私が特にインスピレーションを受ける女性がシモーヌ・ヴェイユです。

　彼女の映像を見るたび、勇気づけられます。このような女性たちの願いや想いやたたかいの結果、私たちは無料の妊婦健診や出産、無痛分娩が利用でき、質の高い保育利用することができています。

　「与えられたミッションは、物事を動かしていける場合にのみ、自分にとって意味を成す」「法律を時代に合わせるには、人々の感覚の更新が必要で、法律が更新されても人々のメンタリティが深いところまで更新されるには、アクションをし続けなければならない」と彼女は書いています。

　物事を主張するときの彼女の口調はとても強い。必ずしも協力的ではなかった夫、子ども3人を抱え、たくさんの後世の人々の暮らしに貢献した彼女に敬意を表します。

シモーヌ・ヴェイユの仕事とフランスの福祉

1927　南仏ニース生まれ。1944年、バカロレア試験の翌日に、ナチスに身柄を拘束される

1945　アウシュビッツより生還、母を亡くす。父と兄の消息は不明。姉の1人はいっしょにフランスにもどるが、若くして交通事故で亡くなる

1946　19歳で結婚。3人の子どもを育てながら司法試験に合格

1957-1964　**検察局**、28歳で司法官として入局
　　　　直接受刑者たちと小グループで意見交換しながら環境改善に取り組む（衛生環境の改善、心理医療センターや図書室、未成年の施設には学校の設置）

1964 **民事局**にて19世紀から更新されていなかった精神障害政策の改善に取り組む

1966 親戚間を転々とさせられる子どもをなくすため完全養子縁組を可能とする法律の改革。養親が子どもを受け入れるルールの明確化

1970- 司法官高等評議会議長

父権を廃止、親権を採用することで夫婦を法律上、教育権と財政面で平等にする

1974 -1979 **保健大臣**（ヴェレリー・ジスカールデスタン大統領、シラク首相時代）

女性の大臣は1人だった。特に保育の拡充に取り組む。女男平等大臣のポスト設立

1974 避妊の合法化、未成年は匿名無料で避妊を利用できる

妊娠中の女性の保健所によるフォローを開始

1974 入院している患者の権利と尊厳についての憲章を作成

1975 人工妊娠中絶合法化。リスクの状況として中絶を実施する機関には家族計画センターを併設しパートナー間アドバイザーとの面談を義務づける。合意による離婚が可能に

1975 障害のある人の権利と、当事者が関係する政策策定への参加を保障する

フランス初の反タバコキャンペーン

1976 3歳未満の子どもがいる家庭への手当

1977 2年間の育児休暇制度、子どもの就学手当

保育アシスタント資格創設、認可が必要になる。養成コースの整備、チェックしサポートできる体制の確立。保育を訓練を受けた専門職による職業とする

1978 妊娠6か月以降医療費無料により周産期の死亡率を半減させる

出産費用も無料化

1978 乳児院作戦。乳児院で撮影記録をした心理士と精神運動訓練士による精神的トラブルのリスクに関する報告を受け、活動と話しかけによる状況改善を促す

1978 週末里親の制度化。16週の産休と妊娠を理由とした解雇の禁止（1980年に法律制定）

1979-1982 **欧州議会議長** 欧州議会に女性の権利・ジェンダー平等委員会設立

1983-1993 欧州議会議員

1993-1995 **国務大臣、社会問題、健康、都市大臣**（ジャック・シラク大統領）

機会の平等に取り組み、郊外、移民、海外領との対話を重ねる

1994 無痛分娩をすべての女性の権利として無償化

1998-2007 憲法評議会議員（80歳まで）

2017 89歳で亡くなる

出所：フランス政府のホームページ「1927-2017 C'était Simone Veil」
Simone Veil, 2007, *Une vie*, édition stock（写真右）

用語説明

● サービス名

在宅教育支援 親の同意がある場合(AED Aide Educative à Domicile): 司法判断である場合(AEMO L'action Educative en Milieu Ouvert): パリ市では5つの民間団体が実施し4600人の子どもが支援を受けている。担当エデュケーターが家庭に通い、食卓を共にしたり、いっしょに出かける中で親役割を支える。心配はあるが危険はない子どもを対象としている。

教育サポートデイサービス(SAJE Service d'Accueil de Jour Educatif): 教育、家族、学校をめぐる精神的な困難を抱えた家族の子どもが学校帰りに通う。パリ市では近年力が入れられている。宿題をみる、遠足、親子関係の改善を支える。ストレスマネジメント、自信や不安、感情の言語化、睡眠のコントロールなどの働きかけも行う。

自宅措置(PAD Placement à Domicile): 半年単位の司法決定。エデュケーターが毎日家に通い親子をサポートする。緊急時に即時に宿泊できる場所が確保されている。子どもが望む限り家庭で過ごせるよう、近年特に力が入れられている。

● 資格名

ソーシャルワークに携わる専門職をソーシャルワーカー(travailleurs sociaux)と総称する。

専門的エデュケーター(éducateur spécialisé): 1966年より国家資格。3年間専門学校で学び理論を1450時間、実習を2100時間行う。隔週で現場と学校を行き来し、現場で見聞きしたことについて座学で理解を深める学び方。全国に6万2000人いる。社会的教育を専門とし、児童保護、障害、アルコール依存や路上生活者の支援を得意とする。不適応を起こしている子どもやティーンエイジャーの教育、身体的精神的困難を抱えている成人の自立支援も行う。児童保護分野で中心的な役割を果たす。路上エデュケーターなど。

子ども専門裁判官(Juge des enfants): 1945年から未成年の刑法、1958年から児童保護分野も担当する。裁判官資格のうえに2年間、少年院や児童保護施設での実習を含む児童保護と非行専門の養成課程を経ている。パリ市では各区に1人ずつ任命されている。児童保護分野では、いかなる支援も有効ではなかった、親が協力的でない、子どもの状況が確認できない場合に子ども専門裁判官に判断を仰ぐ。在宅支援など予防措置の7割、施設など保護措置の9割は裁判によって決定されている。

社会家庭専門員(TISF Le Technicien de l'Intervention Sociale et Familiale): 国家資格。1年半から2年で理論に950時間、研修に1155時間。家庭を週複数回2-3時間訪問し、家事支援、家庭支援、ソーシャルワークを行う。問題がなくても利用でき、児童保護分野でも利用されている。悪い扱いを減らし、良い扱いを増やす方法などを学んでいる。

ソーシャルワーカー(DEASS diplôme d'État d'assistant de service social): 国家資格。3年間専門学校で学び、理論1749時間、実習1820時間学ぶ。

家庭経済ソーシャルワーカー(CESF Conseiller en économie sociale familiale): 国家資格。入り口は家計だが、実際には広範囲のソーシャルワークを担う。市営住宅から雇用され滞納者の支援をする人もいる。

教育相談員(CPE Conseiller Principal d'Education): 修士卒業で受けられる国家公務員資格。中学高校において生徒を支える役割。学科教員と連携し、生徒を個別にフォローし家族とのやりとりを行う。子どもを取り巻く人間関係の質の向上、長期欠席の予防、校内の暴力根絶、リスク行為の予防がミッション。

学校ソーシャルワーカー(SSS Service Sociale Scolaire): 生徒と密に関わるCPEに比べ外部機関とのやりとりを担当する。

幼児エデュケーター(éducateur jeunes enfants): 保育園には4種類の資格者が多職種勤務することになっている。その中でも幼児エデュケーターは児童保護の養成も受けているため在宅教育支援や母子生活支援施設なども勤務先である。

ジェンダー、性と子どもの育ち

基礎能力は読み書き計算、他者の尊重。

●フェミニスト団体による調査とロビー活動
　国による産業界も含めた旗振り

　フランスにおいては 1974 年から女男平等女性の権利大臣を置いています
が、特に近年の動きとしては、例えば 2019 年に経済財務省は「おもちゃの
混合表象についての憲章」を出しました。なるべく小さいうちからおもちゃ
を通じてステレオタイプを植え付けないことを目的としており、おもちゃ
生産者や、おもちゃ流通業者等に示されました。「女の子向けおもちゃ」と
いったカテゴリー分けができなくなり、その代わりに「クリエイティビティ、
課題解決、身体的成長、知的成長、社会性」といったおもちゃの分類が提案
されました。

　色やサインによる男女の識別は 2020 年から禁止されました。パリ市でも
フェミニスト団体が、子どもが学校で使用する本で男女の登場回数や役割な
どをチェックし、登場人物の 4 割しか女性がいないことを発表し、ステレ
オタイプにつながる表現の修正を求めています [1]。

◀とびらに寄せて

　私が子どもの頃一時期を過ごしたスイス・ジュネーブでは、幼稚園か
ら小学校最後までクラス替えがなかったので、クラスメイト 17 人、家
族よりもいっしょの時間を過ごした。そもそも男女や背の順を分けたり
並べたりする機会がない環境だったので、コンプレックスや差別も育ち
にくい。当時のクラスメイトが、今でも毎年子どもたちを連れて集まる。
子どもたちにとっては、親戚のおじさんおばさん、いとこたちのような
存在。

ありのままでいられるためには分けたり比べたりしない

　まずは分けない、比べないことがジェンダーの前提にくる安心な育ちの土台なのではないでしょうか。

　　私は幼稚園時代は背が高いため、「のっぽさん」と呼ばれ、目立つ分、先生に注意されることも多く、いつもかがんで縮こまって目立たないようにしようとしていました。背が高く少し動きが遅いだけなのに、恥ずかしい気持ちが常にありました。

　　7歳で父の仕事の都合でスイスに行くと、クラスで男女を分ける機会、背の順に並ばせる機会がなく、かけっこのように比べられる機会もないため、居心地の悪さも感じなくなりました。クラス17人、幼稚園から小学校の終わりまで同じクラスなので、家族よりも長くいっしょに時間を過ごしました。さまざまな出来事をともにする中で、それぞれの良さを認め合った穏やかな関係性でした。今でも親戚のように想い合っていて、パリで子どもが生まれたときには小学校時代のクラスの担任2人がすぐに赤ちゃんに会いに来てくれました。学校は安全な場所でした。

　　娘は今、フランスの小学1年生ですが、男女で違う持ち物や行動がありません。ランドセルや体操服もないので、好きなリュックに、好きなスポーツウエアを着ます。名前シールもなく、マジックで直に名前を書きます。トイレも男女に分かれておらず、個室トイレが並びます。男女2人ずつで机を並べ座るようなこともしません。ですから、クラスに何人いて男女比が何人ずつか子どもに聞いても、全体の人数とそれぞれの名前はわかっても男子が何人というのは答えられませんでした。

スイスで過ごした小学校時代のクラスメイトとその子どもたち、当時の
担任の先生2人

おとなが価値観の押し付けにもっと敏感になること

　妊娠中にとても驚いたことがありました。日本のベビー用品を買いに行っ
たとき、産着がピンクの桜やうさぎの模様か、水色の車などの模様かどちら
かしかないのです。日本語の絵本を買って帰ろうとすると、男の子が女の子
に料理を作らせて評価するという内容であったり、子どもにはとても読ませ
たくない本がいくつもありました。

　日本にもどると漫画が男子女子に分かれていたり、サザエさんやちびまる
子ちゃんも母親が台所に立ち父親は食べるだけ、テレビのアナウンサーも女
性は女性らしい反応が求められていたり、女性への何重もの価値観の押し付
けがあふれ受け入れられているように感じます。アイドルを目指す少女たち
は低年齢化し、応援する母親もたくさんいるようです。

　子どもと日本に行くと、例えば私が買い物をしているあいだに店員が子ど

もに「かわいいのね」と声をかけます。あまりに誰もが同じ評価を口にするので「かわいいということが唯一の評価だと思ってほしくないので、やめてください」と言うようになりました。フランスだと「学校楽しい？　何が好きなの？　休み時間、何して遊んでるの？」など、本人の関心事項を質問します。自分に置き換えても、知らない人に「かわいいですね」と言われても失礼だと感じると思います。関心を示すなら、他の問いかけをするでしょう。「かわいい」「かっこいい」と、おとなが子どもに言うのをやめて、子どもそれぞれに関心をもつようにすることがまず、大切だと感じます。

ジェンダーよりも、人とどう関係性を結び生きていくかの学び

　娘はこれまで、男女の違いを意識する機会の少ない環境で育ちました。やがて遊びの違いが生まれ恋人ができ、それでも通っていた場所で学ぶ内容は、人との関係性の結び方と相手への尊重であったように思います。

　娘が、自分が女の子であることを意識した機会は、4歳のときでした。それまでお医者さんごっこ、犬ごっこ、お絵描きや絵本と男女ミックスで遊んでいたのが、あるとき仲のいい友だちがドラゴンボールZごっこを始めて、いっしょに遊べなくなったのです。同じ頃好きな男の子ができて女の子だからスカートを履きたいと言うようになりました。「誰かに気に入られるために服装を選ぶべきではない。自分が着たい服を自分のために着ることが大切」と話しても、かわいくありたいと、娘は体育のある日も上にスカートを重ねて登校していました。

　けれど、男性同士、女性同士で好きなこともあるというのは教えられなくても知っていました。「彼は、今はいつも優しいけど、結婚したら優しくなくなって命令するようになる男もいるんでしょ？　結婚しないまま、別々に住

んだままだったら、優しいままお互い大好きでいられると思う？　子どもが
いても別々に住んだり、結婚したりしなくてもいいよね？」と、4歳5歳の
頃はたびたび気にしていました。

　服装については数か月くらいでこだわらなくなりました。赤ちゃんのとき
から今まで男女の隔てなく誰とでも遊ぶ子どもでしたが、お友だちの誰もが
そうというわけではありませんでした。

「友だちとは何か」「尊重するとはどういうことか」「好きとは何か」という
ことについて学校で話し合う機会や「哲学の授業したのよ」と帰ってから報
告するときも何度かありました。4、5歳の娘が説明していたのは以下のよう
な内容でした。友だちは無条件、条件なくお互いのことが好きでいっしょに
いたいと思う人同士。尊重は自分がしたくて相手がしたくなくても、自分が
いいと思うものを相手がいいと思わなくても、自分が正しいのと同じように
相手も正しい。好きは、相手が決めたことを尊重して、どんな相手の姿も尊
重したいと思うこと。そして NO ということについても。自分が NO と決め
たら、何があっても貫いて、顔も態度も一貫させる、それで友だちじゃなく
なるなら、それは友だちでいる必要はない人ということ。友だちでいるために、
自分にとって YES かわからないのに YES とは言わない。相手は自分の NO と
YES がわからないと安心じゃないし、自分も安心じゃない。けれども娘にとっ
ては NO は難しく、何度も言われると自分のものを相手にあげてしまったり
して、帰ってからうまくできなかったと泣くことがありました。

子どもの疑問にていねいに向き合う

　子どものもつ疑問は、おとなにも答えられないものばかりです。娘は、幼稚園にある本の中で、家でも読みたいものをたびたび持ち帰りました。特にカトリーヌ・ドルト医師（1946 年 -）の書いたシリーズは何冊も買いました。「NO と言う」「従うか従わないか」「画面」「私の体を大切にする」「みんなが気持ちよくいっしょに暮らすには」などがタイトルです。ページごとに関係するさまざまなシーンが描かれているので、それをもとに親子で話し合えます。出来事があったときや、また何か思うことがあったときなど娘が引っ張り出してきて成長の中で何度も読み返す本になっています。「おとなの命令に従う」「親は携帯やパソコンによく向かっているのに子どもには制限する」など、まとまった考えが親である自分の中にあるとも限らず、けれども娘とぶつかる機会にもなっているようなことについて、自分の教育方針を見直すう

幼稚園で気に入って自分たちでも買った本

えでもいい機会になります。「なんとなく」おとなが決めたり答えたりしては、ステレオタイプや偏った知識を伝達したりする危うさもあります。答えは何か、いっしょに考える姿勢こそが大事とされていると感じます。

　3か月から3歳までを過ごした保育園の幼児エデュケーターが紹介してくれた性的ステレオタイプについて話し合うための本は、子ども向けにお勧めが17冊、親向けの本も13冊並んでいました。資格取得の養成課程でも必修項目になっています。

　カトリーヌ・ドルトは、フランスの児童福祉に非常に大きな影響を与えたフランソワーズ・ドルト小児精神科医の娘です（p.132 コラム参照）。

教育省の期待する幼稚園と小学1年生のジェンダー教育

　3歳からは義務教育なので教育省が管轄です。教材などを担当する国立教育サービス Canopé の教員用テキストには、ジェンダー差別を生まない教員の対応指針が書かれています。子どもに教える内容より、最初に教員の対応自体についての項目が並ぶことが興味深い点です。

「特に幼稚園では、服装について褒めない」

「『男子は〜』といった発言をせず、常に個人として個人名を呼び対応する」

「女子がおしゃべりで男子がけんかをしているように聞こえる注意のしかたをしない」

「男子にはもっとがんばりを期待する、女子はまじめにやっている、と理解されかねない発言をしない」

「性別や外国人、性格、障害の有無にかかわらず、それぞれの子どもが同じ量の声かけを個人として教師から受け、どの子どもも同じだけ表現することができ、能力を発揮することができる環境であるようにする」

　また、「特に幼稚園では、女の子の名前にピンク色を選んだりしないよう

性的ステレオタイプとならない色の組み合わせに注意する。クラスで撮る写真が女子が勉強や発表シーン、男子がふざけているシーンなど暗黙のうちに『求められているイメージ』と理解されかねない選択がないよう注意する。常に例文は『トム（男の子）がサッカーをしている』などステレオタイプをともなうものでないよう、男性名女性名が平等なシーンで登場するよう注意する」と書かれています。

　幼稚園でのジェンダー教育で話し合われるべき内容については、以下のようにあります。

「職業のジェンダーの相対化、遊びやおもちゃのジェンダー、感情のジェンダー、家事のジェンダー、ヒーローやプリンセスの相対化」。

　小学1年生では、

「男女の体、文法のジェンダー、色、将来の夢とジェンダー、友情とジェンダー、習い事や趣味のジェンダー、女性と子どもの昔と今、アートと美のジェンダー、漫画とヒーローヒロインのジェンダー」です[2]。

市民教育の一環として位置づけられているジェンダー教育

　幼稚園時代は子どものあいだで出来事があったり疑問を掲げた子どもがいたりしたときに、集中的にテーマを扱うことが多いのに対し、小学校は年間計画通りに「モラルと市民教育」の授業に組み込まれています。この授業は1882年より義務で、日本語では「公民教育」と訳されたりしていますが、市民を育てるという意識がポイントであると感じています。

　教育法L111-1に学校の役割は、「生徒を将来の市民の育成と捉え、教育は家族とともに行うものであり、国の憲法に込められた原則と基礎となる価値を伝承する役割を担う」と書いてあります。その内容は「他者の尊重、共和国の価値を学ぶ、市民としての文化を築く」とあります。共和国の価値とは、市民の自由を守るのと同時に、社会内の結びつきを保障することであり

「教育を通して市民としてエンゲージメントしていくことを準備する」とあります[3]。国を担っていくのが個人一人ひとりである、その責任感を価値として捉えていることがうかがえます。

　ちなみに小学校1年生の娘のシラバスには、以下のテーマについて1年生で扱うと書いてあります。

「さまざまな感情を言葉で整理し、状況に合わせて説明することができる」

「礼儀正しいあり方が判断でき、なぜ礼儀正しくある必要があるか説明できる。ルールそれぞれの理由を自分の言葉で説明できる」

「交通安全の習得」

「体と歯の衛生についての習得」

「家庭環境におけるリスクに気づき対応する方法をとることができる」

「危険な状況にあるとき対応することができる」

「個人間の違い、体、世代、社会的差異、文化的差異についての知識」

「ジェンダー平等の原則について自分で説明することができる」

「祝日それぞれの背景を説明することができる（歴史的な出来事であることが多い）」

「人権宣言、無宗教の憲章の内容について説明することができる」

「共和国の価値について説明することができる：博愛、連帯、正義」

　ただ、関心に合わせて学ぶ内容が選ばれていた幼稚園時代と違い、小学校のカリキュラムではどこまで自分ごととして関心をもって理解しているのか、幼稚園時代より学校帰りの話題に出てきていません。また、フランスは教科書がなく先生が独自に教材を選んだり授業を計画してディスカッションをしたりするので持ち帰るものもなく、親からすると何を学び話し合われたのかわかりにくいのです。先生によっては学んだ内容や扱ったテーマをオンラインで家族と共有し、家庭でもそのテーマについて話す時間をもつように勧めていることもあるそうです。

13 歳の性教育

　教育省では性教育を「他者と自身を尊重した責任ある行動の習得」と位置づけています。包括的で、ポジティブで、親身であることを基本とし「心理面愛情面」「生物学」「社会面」の学びをすることになっています[4]。法律では中学と高校で年3回ずつ行うことになっているのですが、パリ市では実施を監視していないため、確実に実施されているとは限らないのが実情です。他県においてはすべての学校で定められた回数実施されていることを監視しているところもあります。

　パリ市で性教育の授業を担当している保健所の下部組織でパリ市に24か所ある「家族計画センター」で調査をしました。ここは公的と民間両方あり、特に中絶を実施する医療機関は必ず併設しなければならないと定められています。婦人科医、助産師、心理士、パートナー間アドバイザーがいます。私が調査した3か所ともセンター長は婦人科医でした。中絶は本人の望まない事態が生じたということであり、リスクなので必ず家族計画センターのパートナー間アドバイザーと面談し、暴力の被害にあっていないか、必要なケアがないか、また避妊方法の提案を受けることになっています。

　この場所は13歳から閉経まで、誰でも無料で予約なしで利用することができ、無料の婦人科検診、避妊方法の提供、パートナー間アドバイザーとの面談、緊急避妊薬の提供、妊娠検査や薬による中絶を受けることができます。匿名でも問題ありません。全国妊娠SOS電話を受けているのも家族計画センターです。

　ケアを届けに行く活動もしており、学校や児童保護施設や刑務所への訪問性教育、性産業の女性に会いに行きますし、難民施設にも行きます。性教育をするにはさまざまな資格があります。パリ市では資格がとれる大学がいくつかあり、看護師や助産師など性に関するケアに従事してきた人が大学でそ

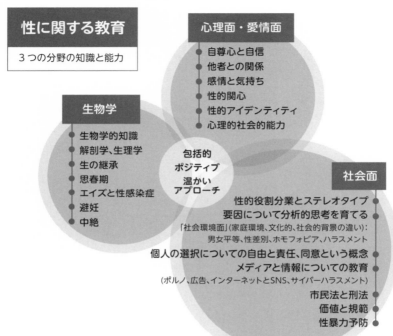

図表 1 ◆ フランス教育省 性教育ガイドライン

性に関する教育

3 つの分野の知識と能力

心理面・愛情面
- 自尊心と自信
- 他者との関係
- 感情と気持ち
- 性的関心
- 性的アイデンティティ
- 心理的社会的能力

生物学
- 生物学的知識
- 解剖学、生理学
- 生の継承
- 思春期
- エイズと性感染症
- 避妊
- 中絶

包括的
ポジティブ
温かい
アプローチ

社会面
- 性的役割分業とステレオタイプ
- 要因について分析的思考を育てる

「社会環境面」(家庭環境、文化的、社会的背景の違い)：
男女平等、性差別、ホモフォビア、ハラスメント
- 個人の選択についての自由と責任、同意という概念
- メディアと情報についての教育

(ポルノ、広告、インターネットとSNS、サイバーハラスメント)
- 市民法と刑法
- 価値と規範
- 性暴力予防

出所：https://www.education.gouv.fr/
education-la-sexualite-1814
Ministère de l'éducation nationale et de la jeunesse
Trois champs de connaissances et de compétences à l'éducation à la sexualité

の資格をとることができます。大学で取得できるセクソロジスト資格以外に、民間の家族計画センターが実施している養成講座で得られる資格をもっている人もいました。家族計画センターのセンター長は、「本人が望んだタイミングで子どもを迎えることが、そうでない場合よりリスクが低い」と話していました。

● 性をケアの機会にする「家族計画センター」

私は 12 年前、2011 年に渡仏したとき、フランス企業で働いていたので

すが、女性同僚の中で生理があるのが自分だけで驚きました。同僚は皆イン
プラント避妊をしていて、腕にマッチ棒の大きさの物が埋め込まれ、3年間
排卵と生理が止まるというものを利用していました。生理用品売り場も日本
に比べ非常に小さく、2ブランドくらいしか陳列がありません。

　家族計画センターでは13種類もの避妊法を無料で提供を受けることがで
きます。一般にも避妊のために婦人科検診を受けることやかかりつけ医に処
方箋を書いてもらうことは26歳未満は無料ですし、処方箋を持って薬局に
行くとピルなどは無料で受け取れます。

　けれど、家族計画センターのおもしろいところは「性をケアの機会にする」
ことです。問診で聞くことのリストが婦人科医の画面上にズラッと並び、必
ずすべての項目を確認することになっています。「性生活、パートナー間の
暴力、暴力被害、過去の暴力と目にした暴力、心理的暴力の経験、性暴力や
望まない性、女性器切除、過去の強制された結婚や関係、売春、麻薬、危険
をおかす行為（知らない人との性交、複数での性交）、精神疾患」。1度でリス
クを割り出し、リスクがある場合はそのまま返さず、話を聞いた人自身がそ
の専門でなくても受けとめ、最初の対応をいっしょにすることが大事だと言
います。また、その場で女性が答えなくても「暴力について話せる場所」と
いうメッセージが伝われば、後日話しにもどってくると言います。総合的な
ケアをすることと、必要であれば当日中に保護できることも伝えています。

学校の性教育は子どもの話したい内容を話す

●子どもは知識をほしがっていない。おとなと話せることを知る機会

　性教育の名称は「愛と性のある生活」です。パリ市には女性に対する暴力
専門部署があり、そこと家族計画センターが統括しています。女性に対する
暴力専門部署が中高生へ調査をしたところ、「避妊や性ではなく、恋愛や関
係性について知りたいし話したい」という意見が大半だったため、性ではな

く愛について、特に話せる機会にすることにしたと言います。

　パリ市の家族計画センターの担当者といっしょに中学校の教室を訪れ、授業のようすを見せてもらいました。パリ市では残念なことに年間3回実施できているところは少なく、最低、中学1年の13歳のときに1回は受けるということを確実にしようとしていると話していました。ただ、私立校は毎年実施するところもあるものの、どのように実施しているかわからないところもあり、徹底できているわけではないと言います。

　13歳であるのは初交経験が少ない年齢で、生理などについても遅いよりは前もって話す機会があることで、必要になったときに相談してもらえるためです。女性に対する暴力専門部署によると、知識が得られるようになっても初交平均年齢はここ30年変わっておらず、刺激を増やすことにはなっていません。ただ、早い段階で確かな知識を得られる場所があることを知っておくことが、安全ではない情報に接するよりもリスクを減らすことになると言います。

　あらかじめ家族に、「愛と性のある生活」について授業を受けるから、家族でも話す機会をもつようにと伝え、当日も子どもたちに話したいことについて自由に意見を出させて、それを膨らませます。けれど、担当の腕がよくどのクラスでも同じ軸となる内容は押さえていました。1つのセンターは訪問する形をとっていましたが、もう1つのセンターはできる限り子どもたちがセンターを訪れて、その授業ができるようにしていました。センターの場所を記したカードをもらうよりも1回行ったことがあるほうが必要なときに行きやすいからです。パリ市内のセンター24か所のうちどこに行ってもかまわないので、近所である必要はありませんし、繁華街の足を運びやすいところにいくつも置かれています。郊外では大型商業施設の中に置いて、ショッピングのついでに寄れるようにしているところもあります。

　学校の保健室には、ピルと緊急避妊薬がありました。

　性教育の目的は、「おとなと性や恋愛の話ができると知ること、話せる場

所があると知ること」と定め、知識の伝達ではなく、特に子どもが求めていない知識は決して与えず、おとなと話す機会をもつことを目的としていました。友だちでは知識レベルは同等だし、ドラマや漫画は現実では参考にできない。関係性や恋愛は大切なことなので、専門職に相談することが大事と、子どもたちに話していました。「自分の好きな人を親が反対したらどうするの？」など、さまざまな事柄を子ども同士話し合いました。

●子どもたちで答えを模索する授業

話し合われた内容は、以下でした。子ども側からぽんぽん意見が飛び交います。

「セックスの目的は何？」

「喜びや幸せを分ち合うことじゃない？」

そこで担当者の出番です。「ケーキ作りと同じです。準備をちゃんとしないとうまくいかないですよね。どんな準備が必要ですか？」

生徒たちの意見の中で最終的に合意した内容は以下でした。

1 期待していることが同じか話し合う

今したいから？　先々しばらくいっしょに歩みたいという気持ち？
愛がないと嫌な人も楽しければいい人もいるけれど、お互い期待するものが同じであるか確認することが大事。

2 同意

行為一つひとつに同意が必要。いつでも意見は変えていい。サッカーやゲームと同じで、調子悪くなった人や泣き出しそうな人、もうしたくない人がいたらやめる。

3 避妊は双方が用意する

コンドームは特に、スーパーでも買える。

4 双方ともに快適で心地よい環境を用意する

場所が快適で、2人ともリラックスできること。緊張する環境では

喜びを心から分かち合うことにならない。閉じている膣が十分開き快適になることが必要。

5 自分自身がしたい気持ちであること

好きでも今、特別したいわけではないときもある。自分の気持ちを優先させないと自分自身とも相手とも調和した気持ちでいられなくなる。強制されていると感じたら「いい相手ではない」ということ。相手を喜ばせたい、別れたくないという気持ちで自分に強制すると、自分の心と体が経験するのは強姦と同じ。後遺症が残ることもある。

正しい情報にアクセスできるようにする

フランスではどのような情報についてもインターネット検索したときに正しい情報が出るように整理されています。例えば「避妊」と検索して婦人科病院のサイトやブログが出ることなく、国の正式な発信内容が出ます。

1 保健省による「初めての性」専用サイト

すべての疑問の答えを網羅しています。

また、避妊についても保健省の運営するホームページに一覧[5]があり、21種類もの方法、それを得られる場所などの情報があります。

2 保健省監修の「私たちの初めて」（右ページ）

「濡れないときはどうするか？」など具体的に書かれ、しっかり読ませる構成になっています。

3 暴力定規

中学、高校、家族計画センター、無料で心理相談に行ける「ティーンエイジャーの家」などで配布されています。25歳未満の20％もがパートナー間DVを経験しているとして配布が開始されました。この定規は日本語版も出ています。

『私たちの初めて』

原題：*Les premières fois*
制作：国立公衆保健庁 Santé Publique France
初めての性サイト On Sex Prime.fr
https://www.onsexprime.fr
または、ブレストの若者情報センターのサイト
https://www.bij-brest.org/IMG/pdf/premieres_fois.pdf

〈本文ページ紹介〉

喜びの開拓

「喜びの開拓」からこの冊子は始まる。最初の2ページは7人のコメントの紹介で、うち2つはLGBTQと明らかにわかる紹介になっている。
「ほんの少しの刺激ですぐに反応してしまうので、誰かに気づかれて変態と思われないか心配」カリム、「夢のような男性を思い描くだけで体が反応します」ナタン、「自分でクリトリスを触っていろんな感じ方を知っていたので、機会があると直接してほしいことを頼むことができる」カロリーヌ
そして、あまり感じない、痛いなどの場合に、より満足できるセクシュアリティのために家族計画センターでは助けてもらうことができるとも書かれている。

感じ方

「クラスでいつも気になってしまう男子がいて、気になりすぎるからつい避けてしまう。女子とつきあっていたことがあると、ゲイかどうかもわからない」ルカ
「女友だちとの映画をキャンセルするように言われたから断ったら頬を叩かれた。もう会わないけど、好きだからすごくつらい」ローラ
愛と性はイコールではないこと、性交は2人が同時に同じ希望と同じ欲求があるときにのみ成功すること、うまくいっているときもコミュニケーションを止めないこと、愛と性の向かう相手が同性でなくても大切なことは自分自身が自然で居心地よくいられること、欲求や感じ方が自分に合うことであると書いてある。
暴力については、好きでいることは、自分のことを二の次にしたり、自分が痛い思いをするためではない。
「最初の愛撫」「最初の挿入」については、肛門の場合自然な潤いでは足りないので痛みを減らすための工夫や、挿入がうまくいかない場合の方法もていねいに書かれている。

守る／避妊

「最初にコンドームを買うときは男友だちにいっしょに来てもらって、選ぶのを手伝ってもらった。たくさん種類がありすぎる気がした」レオ
「コンドームをベッド脇に置いたのに、なんだか雰囲気を壊すようでいつ取り出せばいいか迷ってた。女性が『必要なことしてる？』と言ってくれて、とても助かった」ヤニス
当日を迎える前に練習しておくよう練習方法、そして男性も女性も普段の性器のケアの方法、トイレでの拭き方や脱毛の注意点が書かれている

チェックリスト「順調な当日を迎えるために」

- 安全な場所で、自分が安心な気持ちでいるか確認する
- それぞれのタイミングに、常に、お互いが合意しているか確認する
- 「NO」と言うことができる
- 「NO」を尊重し聞き入れることができる
- セックスはショーではない
- アルコールやドラッグを使わない
- 話し合い、意見交換する
- 避妊に必要なものをそれぞれが用意する

暴力定規 ◆ 日本語版

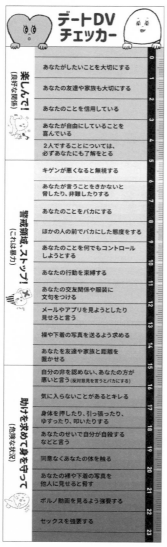

デートDV チェッカー

楽しんで！
（良好な関係）

- あなたがしたいことを大切にする
- あなたの友達や家族も大切にする
- あなたのことを信用している
- あなたが自由にしていることを喜んでいる
- 2人ですることについては、必ずあなたにも了解をとる

警戒領域、ストップ！
（これは暴力）

- キゲンが悪くなると無視する
- あなたが言うことをきかないと脅したり、非難したりする
- あなたのことをバカにする
- ほかの人の前でバカにした態度をする
- あなたのことを何でもコントロールしようとする
- あなたの行動を束縛する
- あなたの交友関係や服装に文句をつける
- メールやアプリを見ようとしたり見せろと言う
- 裸や下着の写真を送るよう求める
- あなたを友達や家族と距離を置かせる

助けを求めて身を守って
（危険な状況）

- 自分の非を認めない、あなたの方が悪いと言う（反対意見を言うとバカにする）
- 気に入らないことがあるとキレる
- 身体を押したり、引っ張ったり、ゆすったり、叩いたりする
- あなたのせいで自分が自殺するなどと言う
- 同意なくあなたの体を触る
- あなたの裸や下着の写真を他人に見せると脅す
- ポルノ動画を見るよう強要する
- セックスを強要する

同意って何？

何か起きた時に、
あなたの自由な意思で、
はっきり「OK」（もしくは賛成）を
伝えることです。
いつでもあなたの都合で、
判断を変えることができます。

相談窓口一覧

セイシル
セイシルは10代の若者が抱える性のモヤモヤにこたえる性教育webメディアです。自分の性と向き合う力をつけること、それは自分の人生を自信を持って生きていくために不可欠なことです。性のモヤモヤに困ったら、セイシルのサイトで見つけてみてね。

性犯罪・性暴力被害者のためのワンストップ支援センター一覧
男女共同参画局
ワンストップ支援センターとは、性暴力の被害に対して、医療・心のケア・法律相談など、さまざまな相談にひとつの窓口で対応してくれる機関です。

📞 **#8891**

性犯罪被害相談電話 #8103（ハートさん）
警察庁
性犯罪の被害にあってしまったときに、警察に相談できる短縮ダイヤルです。電話すると、自動的にあなたの都道府県警の性犯罪被害相談窓口につながります。

📞 **#8103**

Curetime（キュアタイム）
性暴力のお悩み相談
内閣府
「性暴力に関するSNS相談支援促進強化研究事業」
※24時間365日相談受付中です！
17時～21時はチャットで、それ以外の時間はメールで性暴力のこと、相談できます。

https://curetime.jp/

VILLE DE PARIS
SEINE SAINT-DENIS LE DÉPARTEMENT
EN AVANT TOUTES！
セイシル

SPECIAL THANKS: フランス子ども家庭福祉研究者　安發明子
監修：エンパワメントかながわ　阿部真紀

パリ市ホームページ Le violentomètre より
日本語版は、TENGA ヘルスケア制作

自分らしく装うことから

　フランスの福祉や母子保健分野の管理職は9割女性と言われています。すてきなワンピースに大振りのアクセサリーをつけ、正義感に燃え、とても熱い。日本にもどるたび働く女性の服装が保守的であることに、依然男性社会であり、男性からの、男性社会の中での女性の目に気を遣う必要があるのを感じます。

　私はパリコレで洋服を売る仕事を12年前からしていますが、日本の特徴は、男性目線のセレクトをすることです。パリコレで紹介されるような洋服を買うには女性の所得が低く、パートナーの同意が得られるほうが買いやすいという背景もありますが、「自分が何を着たいか」ではなく「パートナーにとって望ましい女性像に一致するか」「職場やプライベートで会う人に評価されるか」といった価値観があるようです。

　私は中高女子校に通っているときに、学校の出口に男子校生が並び女子に声かけをする中、たびたび「でけぇ」「おめー、でけーんだよ」とすれ違いざまに言われ、帰ってから目を血走らせて英語とフランス語の勉強をする思春期を過ごしていました。地味な洋服を着ていました。

　フランスは通りがかりの女性に口笛を吹くなどの性的侮辱も罰則[6]の対象にしています。加害者は最高10万円の罰金に加え、パリ市ではフェミニズム団体での研修が命じられることがあります。この性的侮辱罪をフランスで知ったときは、我が意を得たりでした。なぜ果物を選ぶように品定めされなければならなかったのか。

　若い世代にも子どもたちにも、自分らしい姿でいていいというメッセージを伝えていく世代でありたいと思っています。

守るべき人を守る「未成年売春被害」

●性ビジネスの状況にいる人は守られなければならない

　フランスにおいては 2002 年 3 月 4 日の法律で、売春に関わる未成年を被害者と規定、2016 年 4 月 13 日の法律で売春の状況にある人へのサポートを規定、さらに 2021 年 7 月に政府は未成年売春報告書を出し、未成年売春被害対策を策定しました[7]。年間予算 19 億円かけています。それまでもあったのですが、正式に各県に未成年売春被害のケアを専門とする機関を置いています。

　図表 2 からもいかに日本が売春の状況にいる女性を保護することに消極的かがわかります。

　罰金は国による一括徴収で、そのとき払いきれなかった分は国に借金を負う形になり、返済が終わるまで収入から天引きされます。死亡した際に国に借金が残っている場合は、第 1 の相続人は国となり、返済分を徴収します。

　さらに、性交同意年齢は 15 歳であるものの、監護保護する立場にある者は同意があっても性交が認められていません。

　国のホームページには以下のようにあります[8]。

　　売春被害の状況にある未成年はすべての社会階層出身。不安定な生活状況にあり、愛情面教育面の欠如を経験しており、家族との断絶、家庭内の暴力、性暴力を経験している。

　　被害者であると自認しておらず、行動を普通のことであると感じている。さらに価値も見出している：経済的自立、愛情や注目といった根本的なニーズが満たされること、人生を再びコントロールできるようになったという感覚、グループに属しているという感覚等である。けれど、これら未成年は心身ともに危険にさらされている。

図表２◆売春による刑期と罰金 仏日比較

	フランス			日本	
	成人	未成年(18歳未満)	15歳未満	成人	未成年
売る側	なし	被害者	被害者	勧誘罪	非行
買う側(客)	20万〜51万円	5年+1200万円	7年+1400万円	なし	3年以下または100万円　4
あっせん	7年+2000万円	10年+2億円	15年+4億円	2年以下または5万円以下 注1	3年以下または300万円　5
組織的あっせん	20年+4億円	20年+4億円	20年+4億円	10年以下および30万円以下　2	5年以下および500万円　6
場所提供	1億円	10年+1億円	10年+1億円	3年以下または10万円以下　3	

下記の資料をもとに筆者作成　1ユーロ＝146円　2022年8月
フランス　出所：Service-public.fr
　　　　　　　　Prostitution, proxénétisme, tourisme sexuel
日本　注1　売春防止法（1956年）6条　周旋等　｜　注4　児童買春法　4条 児童買春
　　　2　同　12条 売春をさせる業　｜　　　5　同　6条　　児童買春勧誘
　　　3　同　11条 場所の提供　　｜　　　6　同　5条2　児童買春勧誘の周旋業

　フランスでは7000から1万人の未成年が売春被害にあっていると推測されている。

　被害者の特徴は、被害者としての自己を否認していて、状況を一般化していることである。

●国が誰がいつ何をするか明示する、監視する担当を置く

対策としては以下のような内容が書かれています。

未成年売春対策（一部）：

　全国に未成年と家族が情報を得ることができる場所を創設する。2022年の1学期にすべての中学校で情報提供する。一般市民の関心を喚起する。

　被害者を見つけ出すことの強化（未成年と接する機会のある専門職への研修の強化、ホテルや短期賃貸その他において可能性がある状況や行動があったときに連絡するプロセスの改善、SNS上でのアクションの強化、家出

があったときの専門職によるより良い対応と受け入れ）専門職向け研修を2022年に実施する（健康、教育、若者支援、警察、司法、ホテル、ネット宿泊予約サイト、SNS業界）。

危険に瀕している未成年であると認識し、被害者を守る仕組みを構築する（本人が否定したとしても）。全国に宿泊とサポート、専門のケアが受けられる機関を設置する。

より効率的に客と斡旋者を取り締まる。すべての刑事裁判所に未成年売春被害担当裁判官を指名する。

県、そして全国の専門の支援機関が連携し、網の目を紡ぐ。より現実を明らかにするためにアクションリサーチに予算を割く。

路上エデュケーターが、活動が多くある地域で夜間の巡回・話しかけを行う。

ネットエデュケーターに予算を出し、全国においてネット上で売春の状況にある未成年を見つけ出し、話しかけ、専門とする機関につなぐ。

警察は家出した未成年が帰宅する際は必ず未成年と保護者それぞれが専門職に会う機会を作り、どのような支援が存在するか情報提供する。

全国に、それぞれの地域のニーズに応じてサポート機関を用意する。在宅にいながらの継続的支援、日中受け入れ機関、緊急宿泊機関、安く滞在できる寮、情報が守られて暮らすことのできる場所、それまでのつながりと断絶できるための離れた滞在場所等。

誰が何を担当するかを明確にすることで、絵に描いた餅にならないようにしていることと、県に実行されているか監視する担当を置いています。

警察未成年保護班はソーシャルワーク機能も果たす

　未成年保護班と同行し、活動を観察しました。

　経験のある警察官が特別な研修を経て専門のチームを構成しています。未成年からの聴取も訓練を受けていて、ソーシャルワーカーと心理士もチームにいます。以下の3点が未成年を守るうえで特に重要であると感じました。さらに、未成年の性を扱うサイトへのアクセスもすべて監視しています。

　1 未成年が帰宅を望まない限り帰さない。

　　　家出したということは何かしら問題があるサインなので、調整する必要があるし、また家出をしたらリスクになるため。児童相談所の保護に引き継ぐ。仲裁をして、関係を修復できるように助ける。警察としてよりも、仲裁、ソーシャルワーカーが仕事の中心となる。

　2 家出の場合、即日プロバイダから携帯電話の場所を特定できる。

　　　電源がオフになっていると現在地がわからないときがあるが、最後にオンになっていた場所はわかる。電話した相手の番号も表示されるので、電話をすると友だちがどこにいるか教えてくれる場合が多いので、迎えに行く。他都市の場合は保護して連れて来てもらう。帰宅するにあたって問題がありそうな場合、売春につながっている可能性がある場合は検事に問い合わせし保護し、8日以内に調査を完了させる。女子の家出は売春斡旋につながっている可能性があるので、まずは携帯電話の通信一覧をもとに捜査する。逮捕につながることが多い。

　3 売春や性被害があった場合は、司法医療専門の婦人科医が診察する。

　　　被害届の有無にかかわらず、被害者がいるので必ず捜索し裁判所に提出する。診察を受けなかったとしても同じである。

　裁判所が守ってくれるから、被害について話していい。加害者から再度被害を受けることはない、ということを十分説明する必要があると言います。

未成年売春被害ケア専門団体
セクソロジストへのインタビュー
NOと言えるとき初めて、YESがわかる
クロード・ジョルダネラさん
Claude Giordanella

　売春の状況にある未成年がいたら、トラウマを抱え、自由な意思で選択できていないと考えます。自分が望んでしていると言っても、「傷ついている」と表現します。着飾っていても満足している人はいません。

　ここに来るすべての子どもがトラウマを経験しています。苦しみを緩和させる方法として子どもたちは、同じ状況に身を置き、さらにお金や物を報酬として受け取ることで苦しみを和らげようとしています。この循環から出られるのは、トラウマがケアされたときです。性被害経験者の中で自分で抜け出すのは一部です。大半はリスク行動または「緩和テクニック」と言われる依存や売春や暴力などの方法をとります。

　大切なのは、2-3歳からの同意に関する練習です。Noと言えるときに初めて、自分にとってのYesがわかり言えるようになります。好かれなくても嫌われてもいいからNoと言えるよう育てることです。日常や教育の中でも選択肢があり、Noと言える環境があること。「うまくいかない」と言って聞いてもらえることは最低限必要です。

　社会的養護の子どもはトラウマを経験していることが多いです。自分が「無価値である」と感じるような経験です。性行為の中での「上手」「いいね」「最高」という褒め言葉はとても価値のあるものになるのです。他のところで価値を感じられていないということでもあります。最悪ではなくても望んだ選択ではないのです。

　私たちの仕事は、1回会ったときにいかに絆を築いておくかです。ケアをする強制は子どもではなくおとな側にあります。時間があいてもたいていはまた話しにきます。

　教訓的ではないおとながあちこちにいて「何がこういう状況を起こしたのか?」話せること。中絶したら、子どもを手放したら解決するわけではありません。その人のケアされていなかった部分をケアします。

　予防とはつまり、子どもに接しているプロフェッショナルの育成です。施設職員等への研修は3日間泊まり込みで行います。

　若者の売春は、トラウマのケアがされてこなかったということです。子どものまわりにたくさん専門職がいたにもかかわらず、子どものニーズを見抜けず、サインに気づかず、子どもは苦しみ続けたということです。ニーズを見抜ける専門職が十分育成されなかった結果、若者の売春は起きているのです。

セクソロジスト：性に関する専門資格。医師・看護師・助産師・心理士などが資格を取り、性に関するトラブルのケアや予防を担う。

性専門心理士へのインタビュー

その若者の意見を 誰も聞かなかった

ニルジャ・シャゼハランさん
Niruja Shaseeharan

精神的にも身体的にも欲求が自分のどこを探しても見つからない人がいます。自身についてもっているイメージ、自尊心についてまずはケアしていきます。自分のことを「汚れている」「どこにも属することができない」と言う人もいます。自分の欠けているところを補うためのお金と認識しているのです。

家族も大きな要因の1つです。特に子どもの苦しみに耳を傾けない親であることが多いです。親が心理的に不在、子どもに敬意をもって接しない、子どもにプレッシャーをかける、厳格で融通が利かない、子どものことをけなす…。

ある若者は、電車賃が足りず5000円の罰金を親に言えなかったことが売春の契機となりました。子どもの自尊心が育つことが大事だと説明しても、子ども部屋のドアを閉めさせない親もいました。

その若者の意見を誰も聞かなかったこと、彼自身が選択することを許さなかったことの影響が大きくあります。「私はこれを選ぶに値する」「私はこれが好き」という感覚が育っていません。回復には自分のための場所を見つけ、自分のしたいことが育つことが大事です。

トラウマのケアをし自分に向き合う中で、落ち込みを経験することがあります。恥や隠したい気持ち、自殺を考える人もいます。「自身は価値がない」「何もできない」「ブス」という考えはどこから来たのか? 苦しさのもとは何だったのか?

おとなが言ったことを内面化していることがよくあります。考えも欲求も外から来たものであることに気づき、元となっている出来事を特定できれば、その考えと距離を置くことができます。外から来たものだと認識できれば、それを手放すことができます。そして、自分自身の内から湧く希望と自分が望む将来を探します。他者との安定した関係性を築くことができ心理的安全があれば、安定した気持ちで暮らすことができるので、安全を築き直します。安全だと思えないとしあわせには感じられませんし、それがどんな気持ちか知らない人がいます。いい出会いをする機会をたくさんつくると、その中で癒やされていくものです。関係性にエネルギーを傾け自身を探し、生きる意味が豊かになり、自分が何をしたいか選択できるようになります。

面談を重ね、若者たちは生きる快適さを見つけていきます。化粧がどんどんナチュラルになっていき、自分の着たい洋服を着、リラックスして生きるようになる姿を見ることができます。

未成年の性を守る国であってほしい

　日本で未成年の性について納得がいかない経験は、あげていくときりがないほど出てきます。日常的に痴漢にあっていた中高生時代の通学電車と「気をつけなさい」としか言わなかったおとなたち。そのとき恨めしく思っていた未成年の水着姿の中づり広告。友人が塾の先生に「体の関係を求められないから」とフラれたこと、少し自然のあるところに行くと見かける若い女性アイドルの撮影集団、彼氏に売春させられても別れない友人や、「断ったら別れられる」と言う大学生の後輩。パリ駐在の女性たちの何人もが、「やっぱり仕事のミスを指摘され、上司にホテルに連れ込まれるのはおかしいとフランスに来てから思った」などと日本での経験について話していました。

　ある友人は14歳のときに学校帰りに強姦され、親には話せず、学校の先生には「そんなこと言っていないで、勉強と部活に集中しなさい」と言われ、学校に行けなくなりました。男性宅を転々とし、働き始めてからも上司のセクハラを受けうつ病になり闘病しています。彼女に出会って20年を越しますが、一度も心穏やかな時期を過ごす彼女を見ることができていません。

　先日参加した社会的養護分野の学会でも、施設退所者の職業として男性1位は土木、女性は断トツ性産業であると紹介されていましたが、その結果に対する深掘りはありませんでした。日本の児童保護施設内の性暴力も、たびたび起きるものとして調査はされるようになっても、対応が十分にはまだとられていません。家出しても保護できるシェルターが十分なく、性産業に吸収されている少女たちについて、私たちは昔から知っているのに、十分守る方法をとってきたでしょうか。

　被害を防ぐ教育も、被害を防ぐ制度も、被害者のケアも足りていません。安心して育ち、自分らしく生きていくことができるように、おとなにできることは多くあると感じています。

■ 注 ···

1 Centre francilien de ressources pour l'égalité femmes hommes, « Etude des représentations sexuées et sexistes dans les manuels de lecture du CP ».

2 Présentation des outils pour l'égalité entre les filles et les garçons à l'école, Canopé.

3 Programme d'enseignement moral et civique de l'école et du collège, Le bulletin officiel de l'éducation nationale.

4 https://www.education.gouv.fr/education-la-sexualite-1814

5 https://questionsexualite.fr/choisir-sa-contraception/ma-contraception-et-moi/tableau-comparatif-pour-vous-guider-dans-votre-choix-de-contraception

6 https://www.service-public.fr/particuliers/vosdroits/F34550

7 https://www.legifrance.gouv.fr/loda/id/JORFTEXT000032396046/

8 https://solidarites-sante.gouv.fr/archives/archives-presse/archives-dossiers-de-presse/article/lancement-du-premier-plan-de-lutte-contre-la-prostitution-des-mineurs-dossier

略年表　子どもの権利、女性の権利と家族政策

子どもの権利

1793　子ども、高齢者、困窮者に毎年支給される援助の組織化に関する政令

1811　拾われた子、捨てられた子、貧しい孤児に関する政令

1874　幼児、特に乳児の保護に関する法律

1889　虐待されたか道徳的に見捨てられた子どもの保護に関する法律

1890　ベルギーで初の「子どもの保護に関する国際会議」

1898　**子どもに対する暴力、暴行、残虐行為、攻撃に関する法律（絶対的父権の終了）**

1913　「国際児童保護協会」設立、ヤヌス・コルチャックによる子どもの権利を認める明確で拘束力のある文章の呼びかけ

1924　国際連盟は「ジュネーブ宣言」を採択、初めて子どもの権利の存在と、子どもに対するおとなの責任を確認

1943　最初の路上エデュケーターの活動

1945　**罰より教育を優先する法律（非行少年はすべて
　　　児童保護が必要な子どもでもあるとし、家庭内の
　　　支援強化）**

　　　子ども専門裁判官創設

1946　国連はUNICEF創設

1948　世界人権宣言「母性及び児童は、特別な配慮及び援
　　　助を受ける権利を有する」（第25条）

1958　**在宅教育支援法制化**

1959　「子どもの権利宣言」

1967　**エデュケーター国家資格化**

1978　憲法において婚外子を差別しないことを定める

1989　「子どもの権利に関する国際条約」フランスは2番
　　　目の批准

2000　**アドボケイトを専門とする子ども擁護機関を
　　　独立した行政機関として設立（憲法L71-1）**

2002　**未成年の性ビジネスを禁止する法律、未成年
　　　を被害者と規定**

2007　**予防に重きをおいた児童保護改革**

2018　未成年単身移民最大の1万7000人が児童保護に
　　　登録、多い出身国はギニア、コートジボワール、マリ

2019　教育虐待を禁止する法律

2021　**学校への通学義務の強化、家庭教育は申告で
　　　はなく認可が必要**

　　　未成年売春被害対策策定

自身の体験について出版し、その後、児童保護
国家委員も務めたリース・ルフォック。2022年
のSWの賃上げ要求デモにて。パリ市庁舎前

女性たちの市民活動についてのパリ市の展
覧会

女性の権利

1945 女性に**選挙権**が認められる(日本1946)

1946 憲法に「法律は、すべての分野において、女性に、男性と同一の権利を保障する」と明記

1947 初の女性大臣(日本1960)

1956 のちの家族計画運動発足、性教育の普及、避妊と中絶の権利を求めたたかう

1965 法律婚制度が変更され、女性は夫の同意がなくても自分の財産を管理し、職業活動を行うことができる

1967 **避妊**の公認、試行令は1971年

1970 **父権が共同親権**に改正「権限は父と母に属し、子どもの健康、安全、道徳を保護する。親権、監督権、教育権を有する」
   女性解放運動(MLF)発足

1971 中絶した著名人343人の署名入りマニフェスト、シモンヌ・ド・ボーヴォワールらも活動開始

1972 **女男同一賃金の原則**を定めた法律の制定

1974 **シモーヌ・ヴェイユ保健大臣就任**、女男平等大臣のポストの設立

1975 任意中絶を認める法律の採択
   協議離婚が認められる

1978 妊娠健診、出産費用無料化

1982 第1回女性の権利の日。**中絶費用の健康保険による払戻し**、雇用における男女平等、家長という概念の廃止

1983 **女男の職業的平等**に関する法律

1984 **養育費を支払わない親に家族手当基金が代わって**回収する法律

1991 初の女性の首相

1995 女男平等観察機関の設立

1996 元首相や元大臣の女性10人が各議会で女性議員が3分の1を占める共同声明を雑誌に載せる

2002 **子どもには両親の姓のうち好きなほうを与えることが可能**になる法改正

2006 パートナーや子どもに暴力をふるった**加害者が家の外に居住することを求める法律**の制定
   未成年者が無料・匿名で避妊にアクセスできる告示

2007 3500人以上の自治体において議員に女男平等を義務づけ

2010 50人以上従業員のいる企業は男女の平等が尊重されない場合、従業員給与全額の1%までの罰金が課せられる

2014 出産が女性のキャリアと年金に与える影響についてより良く補償する年金についての法律の公布

2016 助産師による薬による中絶の実施、保健所における器械による中絶の実施(2013年より無料)、学校の看護師
   による緊急避妊薬の提供実施を認める
   性ビジネス提供者の保護、脱出のための方法の構築、勧誘罪の廃止、性を買うことの禁止

2018 **「ストリート・ハラスメント」に対する性差別侮蔑罪の創設**
   職業上の女男平等指数について50人以上従業員のいる企業は毎年指数を算出。賃金格差、昇級格差、産休
   後復帰したのちの昇級、高所得者10人の男女差

2021 **体外受精が女性カップルや単身女性に拡大**される
   大企業管理職に占める女性の割合を40%にする、高等教育における平等指標に関する法律

2022 **未成年から25歳まですべての女性が避妊のための検診と避妊薬の提供を無料で受ける**ことができる

家族政策

1932 子どもを2人以上持つ従業員へ家族手当を賃金に上乗せする原則を広げ、雇用主の基金への加入義務づけ

1938 **家族手当の創設**

1945 **子どものいる両親の所得税を優遇する家族指数**の導入

1946 2人目から収入に関係なく支給される家族手当、妊娠手当、出産手当

1947 家族手当基金が公的サービスとして社会家庭専門員の財源となる

1976 ひとり親手当創設

1987 **親権行使を未婚と離婚後の両親に拡大**、その際は家庭裁判所を通す

1997 「全国家族会議」にて「家族の時間」の開発、親の役割、家族の連帯感の促進について記載

1998 法務大臣と連帯大臣による報告書で**両親離別の際の共同親権の原則の強化、紛争予防、家族調停の発展について提案**

2002 匿名出産する女性への支援、養子の出自に関する情報へのアクセス、それを管理するCNAOPについての法律
離別した両親の子どもの交互居住についての法律の整備、2003年家族仲裁の国家資格化

2006 **子どものインターネットアクセスへのフィルタリングに関する法律を修正**
親権者責任に関する法律。不登校や学校でのトラブルがあった際に親の責任を確認し支援を提案する。拒否した場合家族手当は停止することがある
高齢や障害のある家族を支える際の家族介助休暇、3か月更新で1年まで
10年で11万か所の保育所の創設、3-9人の子どもを受け入れる小規模託児所の認可を増やす

2010 **保育アシスタントが子連れで集まりサポートが得られる機関**の設立に関する法律。少ない費用で幼児保育の供給を増やす

2011 **出産前の認知届の提出を促す**報告書の提出

2013 **同性カップル婚合法化**

2016 児童保護法改正、予防の強化、危険な状況の特定と監視能力の強化。親同士の身体的、心理的暴力を子どもが目撃した場合、親権撤回する規定
家庭裁判所を通さない離婚の合法化

ソーシャルワーカー週刊誌は年間契約35万件。福祉事務所や支援機関の待合室や休憩室に置いてあり、福祉従事者の一体感に役立っている。

出所：フランス政府公式サイト Vie-publique.fr をもとに筆者作成
　　　子どもの権利　Défense des droits de l'enfant.ONPE, Historique も参考にした
　　　女性の権利　　L'évolution des droits des femmes
　　　家族政策　　　La politique de la famille depuis 1932

私にとって、
フランス子ども家庭福祉の学びは、希望です。

　子どもたち親たちが元気になっていくのを見ることができて、とてもしあわせな気持ちになり自分も癒されます。フランスも課題はたくさんあります。しかし、なかったことにはしないで心砕きます。子どもたち親たちの状況について福祉が十分でないことを専門職たちが常に憤慨していることが頼もしく、仲間がたくさんいると感じます。「自分たちのしてきたことについてではなく、まだ調子が悪い子どもがいることについて話したい」というワーカーの言葉が、とても胸に残っています。

　今、娘は6歳。自分の子ども時代をやり直すような気持ちで何年も不妊治療に臨み、希望した子どもでした。けれど、娘が小さかったときは、いい母親ができていると感じられず、申し訳なく悔しい気持ちが大きかったです。しあわせな1日を過ごしてほしいと願っているのに、「できることは全部した」「できた」とは、とうてい言えませんでした。初めての気持ちではなく、子どもの頃、4歳離れた妹に感じていたのと同じふがいなさでした。

　子どもを産んでからの疲れの原因がわからないまま、親としての基礎体力が普通よりずっと低く感じていたことについて、子どもの福祉についての学びが答えをくれたように感じています。

　日本には「昔のことは忘れなよ！」「今しあわせならいいじゃん！」と言う人がいます。痛みや傷を負っている人に「痛くないよ。忘れなよ」と言うようなものだと思います。調子が悪いことが認められない、ありのままの気持ちを尊重してもらえないことがあります。

　私がフランスでほっとするのは、子育てするのが辛いと言えること、言えることで方法をいっしょに探してもらえることです。私は、子どもと遊ぶことが大好きな親にはどんな努力をしてもなれません。でも、そのことを誰にも言えなかったら、より良い子育てを、模索する方法も自分の思いつく範囲に限られたでしょう。いつも最善を尽くそうとしていたのに、たくさんたくさん失敗してきました。娘は望んで私を親に選んだわけではない。なのに私は親役割について非常にハードルを感じています。フランスにはその気持ちをそのまま話しいっしょに考えてくれる人がい

るので、きっといい方法を探していけるだろうと安心します。

　そのような親は、私だけではないだろうと思うのです。けれど、私のような子育てする難しさを抱えている人に対する支援は、日本には十分ありません。努力や気持ちでなんとかなると思っている人さえいると感じます。日本も「子どもといっしょにいると、10 分で苦しくなるんです。助けてください」と言える世の中になってほしい。「たたかない。どならない」という禁止でも「深呼吸をしよう」という小手先のテクニックでもなく、具体的な支援がある世の中になってほしい。子どもたち世代がしあわせに育ち、その次の世代もしあわせに育てるように。

　すべての子どもがしあわせに育つ世の中になってほしい。そのために親も支えようという考え方が広がるための力になっていきたいと願っています。

　「フランスを持ち出すまでもなくうちの自治体は同じことをしている」や「フランスもどこもまったく同じサービスとは限らないのではないか？」という意見をもらいます。この本で強調したかったのは、全国どこに生まれても福祉が届くことを目指しているフランスの姿です。日本もフランスも同じような理念を掲げているけれど、大きな違いがある。その理念や価値を実現するための福祉を担う人々の動きについて、注目し書きました。

　方法としては調査を受け入れてくれた機関をもとに、その連携先を一通り訪問するということをくり返し、家族を取り巻く福祉を時間軸、空間軸に沿って立体的に捉えることを試みました。中学校や家族手当基金や保健所など、同じ役割の機関をそれぞれ複数訪問することで、より深く目指すものや工夫についての理解を志しました。それでも、自信があるようなところに門戸が開かれがちといったバイアスは当然あると思います。

　いくつかの県を訪問して運用面ではそれぞれ違った工夫をしていることも見ました。この本で紹介しているのはパリ市とセーヌ・サン・ドニ県の取り組みです。日本でより良い福祉を目指し子どもを取り巻く環境を整備するため奮闘されている方々にとって価値のある情報があると思っています。

　私にとっての社会的父、アブデル・アジュヌイ Abdel Ajnoui 施設長（p.40 コラム 1 参照）は、私がいつどこで何をしていても、私は努力家で勇気があり、私のしていることは価値がある。私は本物のエデュケーターだ。世の中を変えていく 1 人

だとメッセージをくれ、出会って以来、たくさんの読み物やビデオのリンクを送り続けてくれています。

　エデュケーター専門学校のフィリップ・ファブリ Philippe Fabry 先生が紹介してくれたアブデル先生はじめ、エデュケーターたちからすべてが始まりました。教え子たちはどの現場でもキラキラと仕事をしていました。それから先はその方々の連携先機関を訪問し、パリと近郊の子ども家庭福祉を3周くらいしてきました。素敵な現場ばかりだったのは、フィリップ・ファブリ先生ご紹介のエデュケーターたちが調査の起点になっていたからかもしれません。

　同じくエデュケーター専門学校のアレクサンドル・ラベル Alexandre Labelle 先生は、一つ質問をすると根拠法、ガイドラインの表記、歴史的背景から実践例と課題、関連論文と満載セットで、いつもお返事をくださり助けられています、この場を借りて感謝申し上げます。私のありとあらゆる疑問や怒りについていつも目を輝かせていっしょに考えてくれる児童相談所の心理士フレデリック・ラファネル Frédérique Rafanell さんをはじめ、日本とフランスの子どもの福祉への情熱がありすぎて話し出すと止まらない仲間たち、みんなのことが大好きです。

　　謝辞
　　　私の活動がきっと日本にとって有意義なものになると、たくさんの舞台をくださった目白大学の姜恩和先生、感謝しています。
　　　編集者の三輪ほう子さん、この本を生み出してくださりありがとうございます。三輪さんが日本の今に息づく本になると言ってくれたので、思いきって挑戦することができました。デザインのコダシマアコさんはじめ印刷所のみなさんまで、この本に携わってくださったすべての方に感謝申し上げます。

　最後に、世の中の人はみんな友だちになれると思っている、何にでも関心があって、何でも挑戦してみたいと思っている6歳の娘へ。努力しなくてはいけないのは、子どもではなくおとなです。子どもたちがしあわせに育つ環境、人生は楽しく美しいと思える世の中をつくれるようできる限りのことをするので、楽しい時間を味わって、ゆっくり大きくなってください。

　　　小鳥がさえずりさわやかな青空が広がるパリの6月に　　　　　　安發明子

|| プロフィール ||

安發明子／あわあきこ　　akikoawa.com

フランス子ども家庭福祉研究者。1981年鹿児島県生まれ。小学校時代4年間を
スイスで過ごし、スイスの学校に通う。一橋大学社会学部卒業。学生時代に学
習ボランティアとして訪れた児童自立支援施設で衝撃を覚え、全国とスイスで
児童保護分野の機関のフィールドワーク調査を行い、日本とスイスの子どもの
ライフヒストリーを描いた『親なき子』(ペンネーム；島津あき、金曜日)を出版。
生活保護ワーカーとして働いたのち2011年渡仏。フランス国立社会科学高等
研究院健康社会政策学修士、社会学修士。
フランスで妊娠出産をし、日本人の夫、6歳の娘と暮らす。フランスの子ども家
庭福祉分野の調査をしながら日本に発信を続けている。すべての子どもたちが
しあわせな子ども時代を過ごし、チャンスがある社会をめざして活動している。
日本からの視察や調査のコーディネートや通訳、オンライン講演も多数。

主な共著書

『「健康で文化的な生活」をすべての人に　憲法25条の探究』
　　浜岡政好・唐鎌直義・河合克義編著　自治体研究社　2022年
『子ども白書2023』　日本子どもを守る会編　かもがわ出版　2023年

翻訳書

『ターラの夢見た家族生活――親子をまるごと支えるフランスの在宅教育支援』
　　パボ 著　安發明子 訳　サウザンブックス　2024年

写真提供：安發明子
カバー・本文デザイン：コダシマアコ

一人ひとりに届ける福祉が支える
フランスの子どもの育ちと家族

2023 年　8 月 11 日　第 1 刷発行
2024 年　2 月 8 日　第 2 刷発行

著　者　　安發明子
発行者　　竹村正治
発行所　　株式会社　かもがわ出版
　　　　　〒602-8119　京都市上京区堀川通出水西入
　　　　　TEL 075-432-2868　　FAX 075-432-2869
　　　　　振替　01010-5-12436
　　　　　ホームページ http://www.kamogawa.co.jp
本文組版　株式会社フレックスアート
印刷所　　シナノ書籍印刷株式会社

ISBN 978-4-7803-1280-5 C0036